국방과학
연구소

인적성검사

국방과학연구소
인적성검사

초판 인쇄   2020년 7월 6일
개정1판 발행   2022년 8월 3일

편 저 자 | 취업적성연구소
발 행 처 | ㈜서원각
등록번호 | 1999-1A-107호
주   소 | 경기도 고양시 일산서구 덕산로 88-45(가좌동)
교재주문 | 031-923-2051
팩   스 | 031-923-3815
교재문의 | 카카오톡 플러스 친구[서원각]
영상문의 | 070-4233-2505
홈페이지 | www.goseowon.com
책임편집 | 김수진
디 자 인 | 이규희

우리나라 기업들은 1960년대 이후 현재까지 비약적인 발전을 이루었다. 이렇게 급속한 성장을 이룰 수 있었던 배경에는 우리나라 국민들의 근면성 및 도전정신이 있었다. 그러나 빠르게 변화하는 세계 경제의 환경에 적응하기 위해서는 근면성과 도전정신 이외에 또 다른 성장 요인이 필요하다.

한국기업들은 지속가능한 성장을 하기 위해 혁신적인 제품 및 서비스 개발, 선도 기술을 위한 R&D, 새로운 비즈니스 모델 개발, 효율적인 기업의 합병·인수, 신사업 진출 및 새로운 시장 개발 등 다양한 대안을 구축해 볼 수 있다. 하지만, 이러한 대안들 역시 훌륭한 인적자원을 바탕으로 할 때에 가능하다. 최근 기업체들은 자신의 기업에 적합한 인재를 선발하기 위해 기존의 학벌 위주의 채용에서 탈피하여 기업 고유의 인·적성검사 제도를 도입하고 있다.

국방과학연구소에서도 업무에 필요한 역량 및 책임감과 적응력 등을 구비한 인재를 선발하기 위하여 고유의 인성검사 및 직무적성 시험을 치르고 있다. 본서는 국방과학연구소 채용대비를 위한 필독서로, 국방과학연구소의 인성검사 및 직무적성 시험의 출제경향을 철저히 분석하여 응시자들이 보다 쉽게 시험유형을 파악하고 효율적으로 대비할 수 있도록 구성하였다.

신념을 가지고 도전하는 사람은 반드시 그 꿈을 이룰 수 있습니다. 처음에 품은 신념과 열정이 취업 성공의 그 날까지 빛바래지 않도록 서원각이 수험생 여러분을 응원합니다.

STRUCTURE

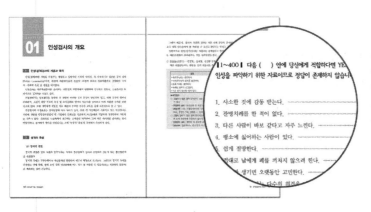

인성검사

검사에 대한 소개로 인성검사가 무엇인가에 대한 이해를 할 수 있습니다. 실제 시험 전 모의 검사를 통해 질문의 유형 파악이 가능하고, 어떤 식으로 답하면 좋을지 연습해 볼 수 있습니다.

직무적성평가

시험 영역별 다양한 유형의 예상 문제를 명쾌하고 자세한 해설과 함께 다수 수록하여 효과적인 학습이 가능하고 실전에 대한 감각을 익힐 수 있습니다.

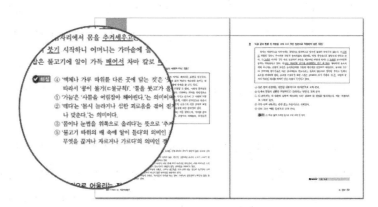

면접

취업의 마지막 관문인 면접에 대비 할 수 있도록 면접에 대한 기본적인 사항과 실제 기출된 질문을 수록하여 취준의 마무리까지 확실히 준비할 수 있습니다.

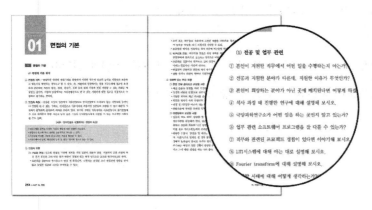

CONTENTS

PART

01

국방과학연구소
소개

CHAPTER

01 연구소 소개

1 **임무 및 비전**

(1) 임무

① 임무 … 국방에 필요한 무기 및 국방과학기술에 대한 기술적 조사, 연구, 개발 및 시험 등을 담당하여 국방력 강화와 자주국방 완수에 기여(국방과학연구소법 제1조)

② 기능
  ㉠ 무기체계 및 관련 기술 연구·개발 및 시험평가
  ㉡ 기술지원 군용물자에 관한 연구위탁
  ㉢ 연구보조 지원
  ㉣ 민·군 겸용기술 개발사업 및 민간장비 시험평가 지원
  ㉤ 국방부장관의 필요 인정에 따른 장관 권한의 대행

③ 국방력 강화와 자주국방 완수에 기여 / 우리 군에 최고의 과학기술 솔루션 제공

(2) 비전

① 비전 … 우리국방 우리과학의 힘으로!

② **목표** … 비닉 및 첨단국방과학기술 중심 연구소 구현

③ 연구개발 발전전략

ADD 역할을 무기개발자에서 첨단·혁신 기술공급자로 전환	• ADD 역할 정립 및 목표 지향적 연구개발 추진 • ADD 역할 정립에 따라 연구 중심 조직으로 개편
기술 중심 ADD 구현을 위한 연구개발 수행체계 강화	• ADD 역할 정립과 연계한 사업·예산 구조 개편 및 제도 개선 • 첨단국방과학기술 인력 확보·육성 및 중장기 운영 계획 수립
국방연구개발 역량을 대군지원 및 성과확산에 적극 활용	• 신개념 무기체계 소요창출형 대군지원 확대 • 국방연구개발 성과 확산으로 방위산업 경쟁력 강화
안전·보안사고 선제적 예방조치 강화	• 안전사고 예방 및 안전관리 강화체계 구축 • 연구소 방위산업기술 보호체계 개선

2 국방연구개발 체계도

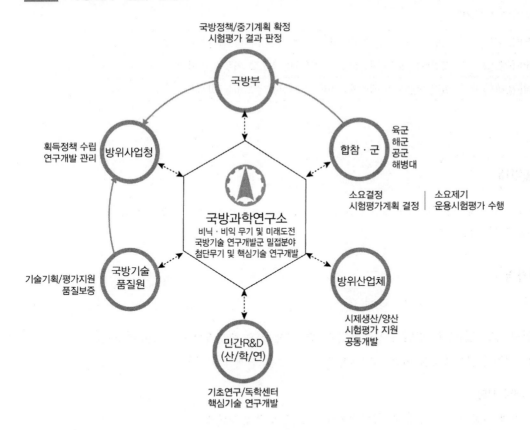

채용안내

1 인재상

(1) 인재상

① ADD인은 "창의 국방을 위한 세계 일류 국방과학연구소"를 지향

② "국방과학기술 선도자"

사명인(使命人)	국방의 초석임을 자부하며, 국민과 군으로부터 신뢰받는 인재
창조인(創造人)	끊임없는 도전 정신으로 자기분야의 최고를 지향하는 인재
능동인(能動人)	열린 마음으로 배려하고 변화와 혁신을 주도하는 인재

2 채용안내

※ 본 안내는 홈페이지 내 채용안내와 2022년 상반기 공개채용 공고문을 바탕으로 작성된 것으로, 지원 전 참고용으로만 활용해 주시기 바랍니다.

(1) 응시자격

① 일반사항

　㉠ 응시연령 제한 없음(단, 인턴 응시자의 경우 만 34세 이후 출생자까지만 응시 가능)

　㉡ 남자는 병역필(임용예정일 이전 전역예정자 포함) 또는 면제자에 한함

② 응시분야 해당 사항

　㉠ 응시분야별 전공자로서 국내/외 학위취득자(유사 전공 지원 가능)

　㉡ 요구 학위의 초과 학력자도 지원 가능하나, 공고서상 요구학위기준으로 평가함(초과학력에 대한 평가 별도우대 없음)

③ 영어성적 관련 사항

　㉠ 정규직(연구직, 관리직, 기술직) 응시자는 영어성적 제출 필요

　㉡ 전문계약직 및 국방우주 인턴 응시자, 외국 학/석/박사 학위자(1년 이상 수학)의 경우 영어성적 제출 면제

　　※ 단, 영어성적 제출 시 내부 심사기준에 따라 서류전형 우개가능

　㉢ 점수 기준

TOEIC	TOEFL(IBT)	TEPS(New)	TOEIC Speaking	G-TELP(Level2)
700	79	300	120	64

(2) 전형방법

① 전형단계 : 서류전형 → 인성검사 및 직무적성 시험 → 면접전형 → 신원조사 및 전형결과 심의 → 최종합격자 발표

　※ 연구직(정규직, 전문계약직 공통)의 경우 직무적성 시험은 실시하지 않고, 인성검사만 시행

② 단계별 평가항목

　㉠ 서류전형 : 심사위원평가 항목 40% 이상 득점자 중 총점 평균 60% 이상자에서 선발

기술직	전문교육(20점), 자격증(25점), 영어(10점), 심사위원평가(44점), 한국사능력(1점) ※ 전문계약직은 영어성적 제출이 면제되며 90점 만점으로 평가
관리직	전문교육(20점), 업무경력(15점), 영어(10점), 자격증(10점), 심사위원평가(44점), 한국사능력(1점) ※ 전문계약직은 영어성적 제출이 면제되며 90점 만점으로 평가
기술기사직 / 행정직(보안-청원경찰)	전문교육(20점), 업무경력(15점), 자격증(20점), 심사위원평가(44점), 한국사능력(1점)

　㉡ 인성검사 및 직무적성 시험 : 각 평가 항목 점수의 40% 이상, 전체 평가항목 총점 60% 이상 득점 대상자에서 선발

　• 서류전형 합격자 대상(연구직은 인성검사만 실시, 면접 참고자료로 활용)

　• 직무적성 시험 평가영역 : 언어, 수리, 도해

　㉢ 면접전형 : 각 평가 항목 점수의 40% 이상, 전체 평가항목 총점 60% 이상 득점 대상자에서 선발

직종	직무 적합성		조직 적합성	
	배점	평가항목	배점	평가항목
기술직	70	전문성, 지식/기술, 경험/경력 등	30	책임감, 도전정신, 성취지향, 개방성 등
관리직	40		60	
기술기사직	55		45	
행정직	40		60	

PART

02

인성검사

인성검사의 개요

1 인성(성격)검사의 개념과 목적

인성(성격)이란 개인을 특징짓는 평범하고 일상적인 사회적 이미지, 즉 지속적이고 일관된 공적 성격 (Public – personality)이며, 환경에 대응함으로써 선천적·후천적 요소의 상호작용으로 결정화된 심리적·사회적 특성 및 경향을 의미한다.

인성검사는 직무적성검사를 실시하는 대부분의 기업체에서 병행하여 실시하고 있으며, 인성검사만 독자적으로 실시하는 기업도 있다.

기업체에서는 인성검사를 통하여 각 개인이 어떠한 성격 특성이 발달되어 있고, 어떤 특성이 얼마나 부족한지, 그것이 해당 직무의 특성 및 조직문화와 얼마나 맞는지를 알아보고 이에 적합한 인재를 선발하고자 한다. 또한 개인에게 적합한 직무 배분과 부족한 부분을 교육을 통해 보완하도록 할 수 있다.

인성검사의 측정요소는 검사방법에 따라 차이가 있다. 또한 각 기업체들이 사용하고 있는 인성검사는 기존에 개발된 인성검사방법에 각 기업체의 인재상을 적용하여 자신들에게 적합하게 재개발하여 사용하는 경우가 많다. 그러므로 기업체에서 요구하는 인재상을 파악하여 그에 따른 대비책을 준비하는 것이 바람직하다. 본서에서 제시된 인성검사는 크게 '특성'과 '유형'의 측면에서 측정하게 된다.

2 성격의 특성

(1) 정서적 측면

정서적 측면은 평소 마음의 당연시하는 자세나 정신상태가 얼마나 안정되어 있는지 또는 불안정한지를 측정한다.

정서의 상태는 직무수행이나 대인관계와 관련하여 태도나 행동으로 드러난다. 그러므로 정서적 측면을 측정하는 것에 의해, 장래 조직 내의 인간관계에 어느 정도 잘 적응할 수 있을까(또는 적응하지 못할까)를 예측하는 것이 가능하다.

그렇기 때문에, 정서적 측면의 결과는 채용 시에 상당히 중시된다. 아무리 능력이 좋아도 장기적으로 조직 내의 인간관계에 잘 적응할 수 없다고 판단되는 인재는 기본적으로는 채용되지 않는다.

일반적으로 인성(성격)검사는 채용과는 관계없다고 생각하나 정서적으로 조직에 적응하지 못하는 인재는 채용단계에서 가려내지는 것을 유의하여야 한다.

① 민감성(신경도) … 꼼꼼함, 섬세함, 성실함 등의 요소를 통해 일반적으로 신경질적인지 또는 자신의 존재를 위협받는다는 불안을 갖기 쉬운지를 측정한다.

질문	전혀 그렇지 않다	그렇지 않다	그렇다	매우 그렇다
• 배려적이라고 생각한다. • 어지러진 방에 있으면 불안하다. • 실패 후에는 불안하다. • 세세한 것까지 신경쓴다. • 이유 없이 불안할 때가 있다.				

▶측정결과

㉠ '그렇다'가 많은 경우(상처받기 쉬운 유형) : 사소한 일에 신경 쓰고 다른 사람의 사소한 한마디 말에 상처를 받기 쉽다.
• 면접관의 심리 : '동료들과 잘 지낼 수 있을까?', '실패할 때마다 위축되지 않을까?'
• 면접대책 : 다소 신경질적이라도 능력을 발휘할 수 있다는 평가를 얻도록 한다. 주변과 충분한 의사소통이 가능하고, 결정한 것을 실행할 수 있다는 것을 보여주어야 한다.

㉡ '그렇지 않다'가 많은 경우(정신적으로 안정적인 유형) : 사소한 일에 신경 쓰지 않고 금방 해결하며, 주위 사람의 말에 과민하게 반응하지 않는다.
• 면접관의 심리 : '계약할 때 필요한 유형이고, 사고 발생에도 유연하게 대처할 수 있다.'
• 면접대책 : 일반적으로 '민감성'의 측정치가 낮으면 플러스 평가를 받으므로 더욱 자신감 있는 모습을 보여준다.

② **자책성(과민도)** ⋯ 자신을 비난하거나 책망하는 정도를 측정한다.

질문	전혀 그렇지 않다	그렇지 않다	그렇다	매우 그렇다
• 후회하는 일이 많다. • 자신이 하찮은 존재라 생각된다. • 문제가 발생하면 자기의 탓이라고 생각한다. • 무슨 일이든지 끙끙대며 진행하는 경향이 있다. • 온순한 편이다.				

▶측정결과

㉠ '그렇다'가 많은 경우(자책하는 유형) : 비관적이고 후회하는 유형이다.
  • 면접관의 심리 : '끙끙대며 괴로워하고, 일을 진행하지 못할 것 같다.'
  • 면접대책 : 기분이 저조해도 항상 의욕을 가지고 생활하는 것과 책임감이 강하다는 것을 보여준다.
㉡ '그렇지 않다'가 많은 경우(낙천적인 유형) : 기분이 항상 밝은 편이다.
  • 면접관의 심리 : '안정된 대인관계를 맺을 수 있고, 외부의 압력에도 흔들리지 않는다.'
  • 면접대책 : 일반적으로 '자책성'의 측정치가 낮아야 좋은 평가를 받는다.

③ **기분성(불안도)** ⋯ 기분의 굴곡이나 감정적인 면의 미숙함이 어느 정도인지를 측정하는 것이다.

질문	전혀 그렇지 않다	그렇지 않다	그렇다	매우 그렇다
• 다른 사람의 의견에 자신의 결정이 흔들리는 경우가 많다. • 기분이 쉽게 변한다. • 종종 후회한다. • 다른 사람보다 의지가 약한 편이라고 생각한다. • 금방 싫증을 내는 성격이라는 말을 자주 듣는다.				

▶측정결과

㉠ '그렇다'가 많은 경우(감정의 기복이 많은 유형) : 의지력보다 기분에 따라 행동하기 쉽다.
  • 면접관의 심리 : '감정적인 것에 약하며, 상황에 따라 생산성이 떨어지지 않을까?'
  • 면접대책 : 주변 사람들과 항상 협조한다는 것을 강조하고 한결같은 상태로 일할 수 있다는 평가를 받도록 한다.
㉡ '그렇지 않다'가 많은 경우(감정의 기복이 적은 유형) : 감정의 기복이 없고, 안정적이다.
  • 면접관의 심리 : '안정적으로 업무에 임할 수 있다.'
  • 면접대책 : 기분성의 측정치가 낮으면 플러스 평가를 받으므로 자신감을 가지고 면접에 임한다.

④ **독자성(개인도)** … 주변에 대한 견해나 관심, 자신의 견해나 생각에 어느 정도의 속박감을 가지고 있는지를 측정한다.

질문	전혀 그렇지 않다	그렇지 않다	그렇다	매우 그렇다
• 창의적 사고방식을 가지고 있다. • 융통성이 없는 편이다. • 혼자 있는 편이 많은 사람과 있는 것보다 편하다. • 개성적이라는 말을 듣는다. • 교제는 번거로운 것이라고 생각하는 경우가 많다.				

▶측정결과

㉠ '그렇다'가 많은 경우 : 자기의 관점을 중요하게 생각하는 유형으로, 주위의 상황보다 자신의 느낌과 생각을 중시한다.

• 면접관의 심리 : '제멋대로 행동하지 않을까?'

• 면접대책 : 주위 사람과 협조하여 일을 진행할 수 있다는 것과 상식에 얽매이지 않는다는 인상을 심어준다.

㉡ '그렇지 않다'가 많은 경우 : 상식적으로 행동하고 주변 사람의 시선에 신경을 쓴다.

• 면접관의 심리 : '다른 직원들과 협조하여 업무를 진행할 수 있겠다.'

• 면접대책 : 협조성이 요구되는 기업체에서는 플러스 평가를 받을 수 있다.

⑤ **자신감**(자존심도) … 자기 자신에 대해 얼마나 긍정적으로 평가하는지를 측정한다.

질문	전혀 그렇지 않다	그렇지 않다	그렇다	매우 그렇다
• 다른 사람보다 능력이 뛰어나다고 생각한다. • 다소 반대의견이 있어도 나만의 생각으로 행동할 수 있다. • 나는 다른 사람보다 기가 센 편이다. • 동료가 나를 모욕해도 무시할 수 있다. • 대개의 일을 목적한 대로 헤쳐 나갈 수 있다고 생각한다.				

▶측정결과

㉠ '그렇다'가 많은 경우 : 자기 능력이나 외모 등에 자신감이 있고, 비판당하는 것을 좋아하지 않는다.
 • 면접관의 심리 : '자만하여 지시에 잘 따를 수 있을까?'
 • 면접대책 : 다른 사람의 조언을 잘 받아들이고, 겸허하게 반성하는 면이 있다는 것을 보여주고, 동료들과 잘 지내며 리더의 자질이 있다는 것을 강조한다.

㉡ '그렇지 않다'가 많은 경우 : 자신감이 없고 다른 사람의 비판에 약하다.
 • 면접관의 심리 : '패기가 부족하지 않을까?', '쉽게 좌절하지 않을까?'
 • 면접대책 : 극도의 자신감 부족으로 평가되지는 않는다. 그러나 마음이 약한 면은 있지만 의욕적으로 일을 하겠다는 마음가짐을 보여준다.

⑥ 고양성(분위기에 늘뜨는 정도) ··· 자유분방함, 명랑함과 같이 감정(기분)의 높고 낮음의 정도를 측정한다.

질문	전혀 그렇지 않다	그렇지 않다	그렇다	매우 그렇다
• 침착하지 못한 편이다. • 다른 사람보다 쉽게 우쭐해진다. • 모든 사람이 아는 유명인사가 되고 싶다. • 모임이나 집단에서 분위기를 이끄는 편이다. • 취미 등이 오랫동안 지속되지 않는 편이다.				

▶측정결과

㉠ '그렇다'가 많은 경우 : 자극이나 변화가 있는 일상을 원하고 기분을 들뜨게 하는 사람과 친밀하게 지내는 경향이 강하다.

• 면접관의 심리 : '일을 진행하는 데 변덕스럽지 않을까?'

• 면접대책 : 밝은 태도는 플러스 평가를 받을 수 있지만, 착실한 업무능력이 요구되는 직종에서는 마이너스 평가가 될 수 있다. 따라서 자기조절이 가능하다는 것을 보여준다.

㉡ '그렇지 않다'가 많은 경우 : 감정이 항상 일정하고, 속을 드러내 보이지 않는다.

• 면접관의 심리 : '안정적인 업무 태도를 기대할 수 있겠다.'

• 면접대책 : '고양성'의 낮음은 대체로 플러스 평가를 받을 수 있다. 그러나 '무엇을 생각하고 있는지 모르겠다' 등의 평을 듣지 않도록 주의한다.

⑦ **허위성(진위성)** … 필요 이상으로 자기를 좋게 보이려 하거나 기업체가 원하는 '이상형'에 맞춘 대답을 하고 있는지, 없는지를 측정한다.

질문	전혀 그렇지 않다	그렇지 않다	그렇다	매우 그렇다
• 약속을 깨뜨린 적이 한 번도 없다. • 다른 사람을 부럽다고 생각해 본 적이 없다. • 꾸지람을 들은 적이 없다. • 사람을 미워한 적이 없다. • 화를 낸 적이 한 번도 없다.				

▶측정결과

㉠ '그렇다'가 많은 경우 : 실제의 자기와는 다른, 말하자면 원칙으로 해답할 가능성이 있다.

• 면접관의 심리 : '거짓을 말하고 있다.'

• 면접대책 : 조금이라도 좋게 보이려고 하는 '거짓말쟁이'로 평가될 수 있다. '거짓을 말하고 있다.'는 마음 따위가 전혀 없다 해도 결과적으로는 정직하게 답하지 않는다는 것이 되어 버린다. '허위성'의 측정 질문은 구분되지 않고 다른 질문 중에 섞여 있다. 그러므로 모든 질문에 솔직하게 답하여야 한다. 또한 자기 자신과 너무 동떨어진 이미지로 답하면 좋은 결과를 얻지 못한다. 그리고 면접에서 '허위성'을 기본으로 한 질문을 받게 되므로 당황하거나 또다른 모순된 답변을 하게 된다. 겉치레를 하거나 무리한 욕심을 부리지 말고 '이런 사회인이 되고 싶다.'는 현재의 자신보다, 조금 성장한 자신을 표현하는 정도가 적당하다.

㉡ '그렇지 않다'가 많은 경우 : 냉정하고 정직하며, 외부의 압력과 스트레스에 강한 유형이다. '대쪽 같음'의 이미지가 굳어지지 않도록 주의한다.

(2) 행동적인 측면

행동적 측면은 인격 중에 특히 행동으로 드러나기 쉬운 측면을 측정한다. 사람의 행동 특징 자체에는 선도 악도 없으나, 일반적으로는 일의 내용에 의해 원하는 행동이 있다. 때문에 행동적 측면은 주로 직종과 깊은 관계가 있는데 자신의 행동 특성을 살려 적합한 직종을 선택한다면 플러스가 될 수 있다.

행동 특성에서 보여 지는 특징은 면접장면에서도 드러나기 쉬운데 본서의 모의 TEST의 결과를 참고하여 자신의 태도, 행동이 면접관의 시선에 어떻게 비치는지를 점검하도록 한다.

① **사회적 내향성** … 대인관계에서 나타나는 행동경향으로 '낯가림'을 측정한다.

질문	선택
A : 파티에서는 사람을 소개받은 편이다. B : 파티에서는 사람을 소개하는 편이다.	
A : 처음 보는 사람과는 어색하게 시간을 보내는 편이다. B : 처음 보는 사람과는 즐거운 시간을 보내는 편이다.	
A : 친구가 적은 편이다. B : 친구가 많은 편이다.	
A : 자신의 의견을 말하는 경우가 적다. B : 자신의 의견을 말하는 경우가 많다.	
A : 사교적인 모임에 참석하는 것을 좋아하지 않는다. B : 사교적인 모임에 항상 참석한다.	

▶측정결과

㉠ 'A'가 많은 경우 : 내성적이고 사람들과 접하는 것에 소극적이다. 자신의 의견을 말하지 않고 조심스러운 편이다.
- 면접관의 심리 : '소극적인데 동료와 잘 지낼 수 있을까?'
- 면접대책 : 대인관계를 맺는 것을 싫어하지 않고 의욕적으로 일을 할 수 있다는 것을 보여준다.

㉡ 'B'가 많은 경우 : 사교적이고 자기의 생각을 명확하게 전달할 수 있다.
- 면접관의 심리 : '사교적이고 활동적인 것은 좋지만, 자기주장이 너무 강하지 않을까?'
- 면접대책 : 협조성을 보여주고, 자기주장이 너무 강하다는 인상을 주지 않도록 주의한다.

② 내성성(침착도) … 자신의 행동과 일에 대해 침착하게 생각하는 정도를 측정한다.

질문	선택
A : 시간이 걸려도 침착하게 생각하는 경우가 많다. B : 짧은 시간에 결정을 하는 경우가 많다.	
A : 실패의 원인을 찾고 반성하는 편이다. B : 실패를 해도 그다지(별로) 개의치 않는다.	
A : 결론이 도출되어도 몇 번 정도 생각을 바꾼다. B : 결론이 도출되면 신속하게 행동으로 옮긴다.	
A : 여러 가지 생각하는 것이 능숙하다. B : 여러 가지 일을 재빨리 능숙하게 처리하는 데 익숙하다.	
A : 여러 가지 측면에서 사물을 검토한다. B : 행동한 후 생각을 한다.	

▶측정결과

㉠ 'A'가 많은 경우 : 행동하기 보다는 생각하는 것을 좋아하고 신중하게 계획을 세워 실행한다.

• 면접관의 심리 : '행동으로 실천하지 못하고, 대응이 늦은 경향이 있지 않을까?'

• 면접대책 : 발로 뛰는 것을 좋아하고, 일을 더디게 한다는 인상을 주지 않도록 한다.

㉡ 'B'가 많은 경우 : 차분하게 생각하는 것보다 우선 행동하는 유형이다.

• 면접관의 심리 : '생각하는 것을 싫어하고 경솔한 행동을 하지 않을까?'

• 면접대책 : 계획을 세우고 행동할 수 있는 것을 보여주고 '사려깊다'라는 인상을 남기도록 한다.

③ 신체활동성 … 몸을 움직이는 것을 좋아하는가를 측정한다.

질문	선택
A : 민첩하게 활동하는 편이다. B : 준비행동이 없는 편이다.	
A : 일을 척척 해치우는 편이다. B : 일을 더디게 처리하는 편이다.	
A : 활발하다는 말을 듣는다. B : 얌전하다는 말을 듣는다.	
A : 몸을 움직이는 것을 좋아한다. B : 가만히 있는 것을 좋아한다.	
A : 스포츠를 하는 것을 즐긴다. B : 스포츠를 보는 것을 좋아한다.	

▶측정결과

㉠ 'A'가 많은 경우 : 활동적이고, 몸을 움직이게 하는 것이 컨디션이 좋다.
  • 면접관의 심리 : '활동적으로 활동력이 좋아 보인다.'
  • 면접대책 : 활동하고 얻은 성과 등과 주어진 상황의 대응능력을 보여준다.

㉡ 'B'가 많은 경우 : 침착한 인상으로, 차분하게 있는 타입이다.
  • 면접관의 심리 : '좀처럼 행동하려 하지 않아 보이고, 일을 빠르게 처리할 수 있을까?'

④ **지속성(노력성)** … 무슨 일이든 포기하지 않고 끈기 있게 하려는 정도를 측정한다.

질문	선택
A : 일단 시작한 일은 시간이 걸려도 끝까지 마무리한다. B : 일을 하다 어려움에 부딪히면 단념한다.	
A : 끈질긴 편이다. B : 바로 단념하는 편이다.	
A : 인내가 강하다는 말을 듣는다. B : 금방 싫증을 낸다는 말을 듣는다.	
A : 집념이 깊은 편이다. B : 담백한 편이다.	
A : 한 가지 일에 구애되는 것이 좋다고 생각한다. B : 간단하게 체념하는 것이 좋다고 생각한다.	

▶측정결과

㉠ 'A'가 많은 경우 : 시작한 것은 어려움이 있어도 포기하지 않고 인내심이 높다.
- 면접관의 심리 : '한 가지의 일에 너무 구애되고, 업무의 진행이 원활할까?'
- 면접대책 : 인내력이 있는 것은 플러스 평가를 받을 수 있지만 집착이 강해 보이기도 한다.

㉡ 'B'가 많은 경우 : 뒤끝이 없고 조그만 실패로 일을 포기하기 쉽다.
- 면접관의 심리 : '질리는 경향이 있고, 일을 정확히 끝낼 수 있을까?'
- 면접대책 : 지속적인 노력으로 성공했던 사례를 준비하도록 한다.

⑤ **신중성(주의성)** … 자신이 처한 주변상황을 즉시 파악하고 자신의 행동이 어떤 영향을 미치는지를 측정한다.

질문	선택
A : 여러 가지로 생각하면서 완벽하게 준비하는 편이다. B : 행동할 때부터 임기응변적인 대응을 하는 편이다.	
A : 신중해서 타이밍을 놓치는 편이다. B : 준비 부족으로 실패하는 편이다.	
A : 자신은 어떤 일에도 신중히 대응하는 편이다. B : 순간적인 충동으로 활동하는 편이다.	
A : 시험을 볼 때 끝날 때까지 재검토하는 편이다. B : 시험을 볼 때 한 번에 모든 것을 마치는 편이다.	
A : 일에 대해 계획표를 만들어 실행한다. B : 일에 대한 계획표 없이 진행한다.	

▶측정결과

㉠ 'A'가 많은 경우 : 주변 상황에 민감하고, 예측하여 계획 있게 일을 진행한다.

• 면접관의 심리 : '너무 신중해서 적절한 판단을 할 수 있을까?', '앞으로의 상황에 불안을 느끼지 않을까?'

• 면접대책 : 예측을 하고 실행을 하는 것은 플러스 평가가 되지만, 너무 신중하면 일의 진행이 정체될 가능성을 보이므로 추진력이 있다는 강한 의욕을 보여준다.

㉡ 'B'가 많은 경우 : 주변 상황을 살펴보지 않고 착실한 계획 없이 일을 진행시킨다.

• 면접관의 심리 : '사려 깊지 않고, 실패하는 일이 많지 않을까?', '판단이 빠르고 유연한 사고를 할 수 있을까?'

• 면접대책 : 사전준비를 중요하게 생각하고 있다는 것 등을 보여주고, 경솔한 인상을 주지 않도록 한다. 또한 판단력이 빠르거나 유연한 사고 덕분에 일 처리를 잘 할 수 있다는 것을 강조한다.

(3) 의욕적인 측면

의욕적인 측면은 의욕의 정도, 활동력의 유무 등을 측정한다. 여기서의 의욕이란 우리들이 보통 말하고 사용하는 '하려는 의지'와는 조금 뉘앙스가 다르다. '하려는 의지'란 그 때의 환경이나 기분에 따라 변화하는 것이지만, 여기에서는 조금 더 변화하기 어려운 특징, 말하자면 정신적 에너지의 양으로 측정하는 것이다.

의욕적 측면은 행동적 측면과는 다르고, 전반적으로 어느 정도 점수가 높은 쪽을 선호한다. 모의검사의 의욕적 측면의 결과가 낮다면, 평소 일에 몰두할 때 조금 의욕 있는 자세를 가지고 서서히 개선하도록 노력해야 한다.

① 달성의욕 … 목적의식을 가지고 높은 이상을 가지고 있는지를 측정한다.

질문	선택
A : 경쟁심이 강한 편이다. B : 경쟁심이 약한 편이다.	
A : 어떤 한 분야에서 제1인자가 되고 싶다고 생각한다. B : 어느 분야에서든 성실하게 임무를 진행하고 싶다고 생각한다.	
A : 규모가 큰 일을 해보고 싶다. B : 맡은 일에 충실히 임하고 싶다.	
A : 아무리 노력해도 실패한 것은 아무런 도움이 되지 않는다. B : 가령 실패했을 지라도 나름대로의 노력이 있었으므로 괜찮다.	
A : 높은 목표를 설정하여 수행하는 것이 의욕적이다. B : 실현 가능한 정도의 목표를 설정하는 것이 의욕적이다.	

▶측정결과

㉠ 'A'가 많은 경우 : 큰 목표와 높은 이상을 가지고 승부욕이 강한 편이다.
• 면접관의 심리 : '열심히 일을 해줄 것 같은 유형이다.'
• 면접대책 : 달성의욕이 높다는 것은 어떤 직종이라도 플러스 평가가 된다.

㉡ 'B'가 많은 경우 : 현재의 생활을 소중하게 여기고 비약적인 발전을 위하여 기를 쓰지 않는다.
• 면접관의 심리 : '외부의 압력에 약하고, 기획입안 등을 하기 어려울 것이다.'
• 면접대책 : 일을 통하여 하고 싶은 것들을 구체적으로 어필한다.

② 활동의욕 … 자신에게 삼재된 에너지의 크기로, 징신직인 측면의 활동력이라 할 수 있다.

질문	선택
A : 하고 싶은 일을 실행으로 옮기는 편이다. B : 하고 싶은 일을 좀처럼 실행할 수 없는 편이다.	
A : 어려운 문제를 해결해 가는 것이 좋다. B : 어려운 문제를 해결하는 것을 잘하지 못한다.	
A : 일반적으로 결단이 빠른 편이다. B : 일반적으로 결단이 느린 편이다.	
A : 곤란한 상황에도 도전하는 편이다. B : 사물의 본질을 깊게 관찰하는 편이다.	
A : 시원시원하다는 말을 잘 듣는다. B : 꼼꼼하다는 말을 잘 듣는다.	

▶측정결과

㉠ 'A'가 많은 경우 : 꾸물거리는 것을 싫어하고 재빠르게 결단해서 행동하는 타입이다.
 • 면접관의 심리 : '일을 처리하는 솜씨가 좋고, 일을 척척 진행할 수 있을 것 같다.'
 • 면접대책 : 활동의욕이 높은 것은 플러스 평가가 된다. 사교성이나 활동성이 강하다는 인상을 준다.
㉡ 'B'가 많은 경우 : 안전하고 확실한 방법을 모색하고 차분하게 시간을 아껴서 일에 임하는 타입이다.
 • 면접관의 심리 : '재빨리 행동을 못하고, 일의 처리속도가 느린 것이 아닐까?'
 • 면접대책 : 활동성이 있는 것을 좋아하고 움직임이 더디다는 인상을 주지 않도록 한다.

3 성격의 유형

(1) 인성검사유형의 4가지 척도

정서적인 측면, 행동적인 측면, 의욕적인 측면의 요소들은 성격 특성이라는 관점에서 제시된 것들로 각 개인의 장·단점을 파악하는 데 유용하다. 그러나 전체적인 개인의 인성을 이해하는 데는 한계가 있다.

성격의 유형은 개인의 '성격적인 특색'을 가리키는 것으로, 사회인으로서 적합한지, 아닌지를 말하는 관점과는 관계가 없다. 따라서 채용의 합격 여부에는 사용되지 않는 경우가 많으며, 입사 후의 적정 부서 배치의 자료가 되는 편이라 생각하면 된다. 그러나 채용과 관계가 없다고 해서 아무런 준비도 필요없는 것은 아니다. 자신을 아는 것은 면접 대책의 밑거름이 되므로 모의검사 결과를 충분히 활용하도록 하여야 한다.

본서에서는 4개의 척도를 사용하여 기본적으로 16개의 패턴으로 성격의 유형을 분류하고 있다. 각 개인의 성격이 어떤 유형인지 재빨리 파악하기 위해 사용되며, '적성'에 맞는지, 맞지 않는지의 관점에 활용된다.

- 흥미·관심의 방향 : 내향형 ←————→ 외향형
- 사물에 대한 견해 : 직관형 ←————→ 감각형
- 판단하는 방법 : 감정형 ←————→ 사고형
- 환경에 대한 접근방법 : 지각형 ←————→ 판단형

(2) 성격유형

① 흥미·관심의 방향(내향⇆외향) … 흥미·관심의 방향이 자신의 내면에 있는지, 주위환경 등 외면에 향하는 지를 가리키는 척도이다.

질문	선택
A : 내성적인 성격인 편이다. B : 개방적인 성격인 편이다.	
A : 항상 신중하게 생각을 하는 편이다. B : 바로 행동에 착수하는 편이다.	
A : 수수하고 조심스러운 편이다. B : 자기 표현력이 강한 편이다.	
A : 다른 사람과 함께 있으면 침착하지 않다. B : 혼자서 있으면 침착하지 않다.	

▶측정결과
㉠ 'A'가 많은 경우(내향) : 관심의 방향이 자기 내면에 있으며, 조용하고 낯을 가리는 유형이다. 행동력은 부족하나 집중력이 뛰어나고 신중하고 꼼꼼하다.
㉡ 'B'가 많은 경우(외향) : 관심의 방향이 외부환경에 있으며, 사교적이고 활동적인 유형이다. 꼼꼼함이 부족하여 대충하는 경향이 있으나 행동력이 있다.

② 일(사물)을 보는 방법(직감↔삼사) … 일(사물)을 보는 법이 직감적으로 형식에 얽메이는지, 감각적으로 상식적인지를 가리키는 척도이다.

질문	선택
A : 현실주의적인 편이다. B : 상상력이 풍부한 편이다.	
A : 정형적인 방법으로 일을 처리하는 것을 좋아한다. B : 만들어진 방법에 변화가 있는 것을 좋아한다.	
A : 경험에서 가장 적합한 방법으로 선택한다. B : 지금까지 없었던 새로운 방법을 개척하는 것을 좋아한다.	
A : 성실하다는 말을 듣는다. B : 호기심이 강하다는 말을 듣는다.	

▶측정결과
㉠ 'A'가 많은 경우(감각) : 현실적이고 경험주의적이며 보수적인 유형이다.
㉡ 'B'가 많은 경우(직관) : 새로운 주제를 좋아하며, 독자적인 시각을 가진 유형이다.

③ 판단하는 방법(감정↔사고) … 일을 감정적으로 판단하는지, 논리적으로 판단하는지를 가리키는 척도이다.

질문	선택
A : 인간관계를 중시하는 편이다. B : 일의 내용을 중시하는 편이다.	
A : 결론을 자기의 신념과 감정에서 이끌어내는 편이다. B : 결론을 논리적 사고에 의거하여 내리는 편이다.	
A : 다른 사람보다 동정적이고 눈물이 많은 편이다. B : 다른 사람보다 이성적이고 냉정하게 대응하는 편이다.	
A : 남의 이야기를 듣고 감정몰입이 빠른 편이다. B : 고민 상담을 받으면 해결책을 제시해주는 편이다.	

▶측정결과
㉠ 'A'가 많은 경우(감정) : 일을 판단할 때 마음·감정을 중요하게 여기는 유형이다. 감정이 풍부하고 친절하나 엄격함이 부족하고 우유부단하며, 합리성이 부족하다.
㉡ 'B'가 많은 경우(사고) : 일을 판단할 때 논리성을 중요하게 여기는 유형이다. 이성적이고 합리적이나 타인에 대한 배려가 부족하다.

④ 환경에 대한 접근방법 … 주변상황에 어떻게 접근하는지, 그 판단기준을 어디에 두는지를 측정한다.

질문	선택
A : 사전에 계획을 세우지 않고 행동한다. B : 반드시 계획을 세우고 그것에 의거해서 행동한다.	
A : 자유롭게 행동하는 것을 좋아한다. B : 조직적으로 행동하는 것을 좋아한다.	
A : 조직성이나 관습에 속박당하지 않는다. B : 조직성이나 관습을 중요하게 여긴다.	
A : 계획 없이 낭비가 심한 편이다. B : 예산을 세워 물건을 구입하는 편이다.	

▶측정결과

㉠ 'A'가 많은 경우(지각) : 일의 변화에 융통성을 가지고 유연하게 대응하는 유형이다. 낙관적이며 질서보다는 자유를 좋아하나 임기응변식의 대응으로 무계획적인 인상을 줄 수 있다.

㉡ 'B'가 많은 경우(판단) : 일의 진행시 계획을 세워서 실행하는 유형이다. 순차적으로 진행하는 일을 좋아하고 끈기가 있으나 변화에 대해 적절하게 대응하지 못하는 경향이 있다.

4 **인성검사의 대책**

(1) 미리 알아두어야 할 점

① 출제 문항 수 ··· 인성검사의 출제 문항 수는 특별히 정해진 것이 아니며 각 기업체의 기준에 따라 달라질 수 있다. 보통 100문항 이상에서 500문항까지 출제된다고 예상하면 된다.

② 출제형식

 ㉠ 1Set로 묶인 세 개의 문항 중 자신에게 가장 가까운 것(Most)과 가장 먼 것(Least)을 하나씩 고르는 유형

다음 세 가지 문항 중 자신에게 가장 가까운 것은 Most, 가장 먼 것은 Least에 체크하시오.		
질문	Most	Least
① 자신의 생각이나 의견은 좀처럼 변하지 않는다. ② 구입한 후 끝까지 읽지 않은 책이 많다. ③ 여행가기 전에 계획을 세운다.	✔	✔

 ㉡ '예' 아니면 '아니오'의 유형

다음 문항을 읽고 자신에게 해당되는지 안 되는지를 판단하여 해당될 경우 '예'를, 해당되지 않을 경우 '아니오'를 고르시오.		
질문	예	아니오
① 걱정거리가 있어서 잠을 못 잘 때가 있다. ② 시간에 쫓기는 것이 싫다.	✔	✔

 ㉢ 그 외의 유형

다음 문항에 대해서 평소에 자신이 생각하고 있는 것이나 행동하고 있는 것에 체크하시오.				
질문	전혀 그렇지 않다	그렇지 않다	그렇다	매우 그렇다
① 머리를 쓰는 것보다 땀을 흘리는 일이 좋다.			✔	
② 자신은 사교적이 아니라고 생각한다.	✔			

(2) 임하는 자세

① **솔직하게 있는 그대로 표현한다** ··· 인성검사는 평범한 일상생활 내용들을 다룬 짧은 문장과 어떤 대상이나 일에 대한 선로를 선택하는 문장으로 구성되었으므로 평소에 자신이 생각한 바를 너무 골똘히 생각하지 말고 문제를 보는 순간 떠오른 것을 표현한다.

② **모든 문제를 신속하게 대답한다** ··· 인성검사는 시간 제한이 없는 것이 원칙이지만 기업체들은 일정한 시간 제한을 두고 있다. 인성검사는 개인의 성격과 자질을 알아보기 위한 검사이기 때문에 정답이 없다. 다만, 기업체에서 바람직하게 생각하거나 기대되는 결과가 있을 뿐이다. 따라서 시간에 쫓겨서 대충 대답을 하는 것은 바람직하지 못하다.

③ **일관성 있게 대답한다** ··· 간혹 반복되는 문제들이 출제되기 때문에 일관성 있게 답하지 않으면 감점될 수 있으므로 유의한다. 실제로 공기업 인사부 직원의 인터뷰에 따르면 일관성이 없게 대답한 응시자들이 감점을 받아 탈락했다고 한다. 거짓된 응답을 하다보면 일관성 없는 결과가 나타날 수 있으므로, 위에서 언급한 대로 신속하고 솔직하게 답해 일관성 있는 응답을 하는 것이 중요하다.

④ **마지막까지 집중해서 검사에 임한다** ··· 장시간 진행되는 검사에 지치지 않고 마지막까지 집중해서 정확히 답할 수 있도록 해야 한다.

실전 인성검사

▌1~400▐ 다음 (   ) 안에 당신에게 적합하다면 YES, 그렇지 않다면 NO를 선택하시오(인성검사는 응시자의 인성을 파악하기 위한 자료이므로 정답이 존재하지 않습니다).

	YES	NO
1. 사소한 것에 감동 받는다.	( )	( )
2. 잔병치레를 한 적이 없다.	( )	( )
3. 다른 사람이 바보 같다고 자주 느낀다.	( )	( )
4. 평소에 싫어하는 사람이 있다.	( )	( )
5. 쉽게 절망한다.	( )	( )
6. 절대로 남에게 폐를 끼치지 않으려 한다.	( )	( )
7. 문제가 생기면 오랫동안 고민한다.	( )	( )
8. 나의 의견 보다는 다수의 의견을 따른다.	( )	( )
9. 쉽게 흥분한다.	( )	( )
10. 내가 정한 신념은 꼭 지켜야 한다.	( )	( )
11. 일을 할 때 실패를 먼저 걱정하게 된다.	( )	( )
12. 예기치 못한 일이 생기면 신경질적으로 변한다.	( )	( )
13. 거짓말을 못하는 성격이다.	( )	( )
14. 입이 무거운 편이다.	( )	( )
15. 나는 변덕스러운 사람이다.	( )	( )
16. 뭐든지 내가 옳다고 생각한다.	( )	( )
17. 나는 감정적이기 보단 논리적이다.	( )	( )
18. 내 자존심을 세우는 것이 다른 사람과의 관계가 나빠지는 것 보다 중요하다.	( )	( )
19. 누군가 나에 대한 험담을 하는 것 같다.	( )	( )
20. 혼자 있는 것이 싫다.	( )	( )
21. 슬픈 영화를 보면 줄곧 운다.	( )	( )

22. 무슨 일이 닥치면 바로 시작해야 직성이 풀린다. ····································· ( )( )

23. 혼자 밥 먹는 것이 두렵다. ·· ( )( )

24. 다른 사람에게 배려를 잘 해주는 편이다. ··· ( )( )

25. 문제를 해결하기 위해 많은 사람에게 조언을 구한다. ··························· ( )( )

26. 들떠 보인다는 말을 들은 적이 많다. ··· ( )( )

27. 사서 고생을 하는 편이다. ··· ( )( )

28. 중도에 포기하는 일이 많다. ·· ( )( )

29. 결정을 자주 번복하는 편이다. ··· ( )( )

30. 쉬는 날에는 집에 있는 편이다. ··· ( )( )

31. 무엇이든지 쉽게 질린다. ·· ( )( )

32. 일을 시작하면 반드시 끝내야만 한다. ··· ( )( )

33. 신중하지 못하다는 말을 많이 듣는다. ··· ( )( )

34. 내 방식대로 일을 해야 한다. ·· ( )( )

35. 학교를 쉬고 싶다고 생각한 적이 많다. ··· ( )( )

36. 주장을 밀고 나가는 성격이다. ··· ( )( )

37. 조그만 일에도 쉽게 걱정하는 성격이다. ·· ( )( )

38. 나는 활동적인 편이다. ··· ( )( )

39. 머리보다 몸이 앞서는 편이다. ··· ( )( )

40. 다른 사람은 모르는 커다란 야망이 있다. ··· ( )( )

41. 나는 쓸모없는 사람이다. ··· ( )( )

42. 계획 없이 무작정 떠나는 여행이 좋다. ··· ( )( )

43. 낯가림이 심한 편이다. ··· ( )( )

44. 일을 할 때 솔선해서 추진하는 편이다. ··· ( )( )

45. 여러 사람과의 술자리가 편하지 않다. ··· ( )( )

46. 나는 나만의 뚜렷한 개성이 있다. ··· ( )( )

47. 가끔 세상이 멸망할까봐 두렵다. ·· ( )( )

48. 처음만난 사람들과도 잘 어울린다. ··· ( )( )

49. 어떤 일이 있어도 화를 내지 않는 성격이다. ······································ ( )( )

50. 다른 사람의 성공신화에 대한 자서전을 많이 읽는다. ·····························(   )(   )

51. 푹 빠진 취미활동이 있다. ···(   )(   )

52. 연극에서 항상 주연을 맡고 싶다. ···(   )(   )

53. 직감에 의해 선택을 하는 편이다. ···(   )(   )

54. 다른 사람에게 감정이입을 잘한다. ···(   )(   )

55. 가만히 있지 못한다. ···(   )(   )

56. 일을 할 때 의욕적으로 해낸다. ···(   )(   )

57. 새로 생긴 상품은 꼭 써보는 편이다. ···(   )(   )

58. 여러 모임에서 주도적인 역할을 한다. ···(   )(   )

59. 경쟁적인 경기를 하는 것이 좋다. ···(   )(   )

60. 경쟁상대에게 공격적이다. ···(   )(   )

61. 학창시절 운동회 생각에 잠을 설친 적이 있다. ·······························(   )(   )

62. 오늘 할 일은 반드시 오늘 끝내야만 한다. ·····································(   )(   )

63. 강철 같은 의지를 지녔다. ···(   )(   )

64. 자유를 위해서는 어떠한 간섭도 있어서는 안 된다. ·························(   )(   )

65. 우유부단한 편이다. ···(   )(   )

66. 취미생활을 하면 시간 가는 줄 모른다. ···(   )(   )

67. 융통성이 있는 편이다. ···(   )(   )

68. 누군가를 만날 때는 항상 약속시간과 장소를 잡는다. ·····················(   )(   )

69. 무언가 항상 해야 한다. ···(   )(   )

70. 어릴 적 꿈을 항상 가지고 살고 싶다. ···(   )(   )

71. 다른 사람 앞에서 자신 있게 춤출 수 있다. ···································(   )(   )

72. 일을 할 때는 무조건 계획에 맞춰서 실행해야 한다. ·······················(   )(   )

73. 공상에 자주 빠지는 편이다. ···(   )(   )

74. 속이 좁다고 이야기를 듣는다. ···(   )(   )

75. 존재감이 없다는 소리를 듣는다. ···(   )(   )

76. 다른 사람이 생각하지 못한 방법으로 일을 해결한다. ·····················(   )(   )

77. 주변으로부터 칭찬을 자주 듣는다. ···(   )(   )

78. 낙천적이다. ·· ( )( )

79. 미리 걱정하지 않는다. ·· ( )( )

80. 돈을 계획을 세워서 쓴다. ·· ( )( )

81. 시사 뉴스를 자주 본다. ·· ( )( )

82. 고지식한 편이다. ·· ( )( )

83. 남이 시키는 대로 하는 건 싫다. ····································· ( )( )

84. 노력해도 결과가 좋지 않으면 아무런 의미가 없다. ············· ( )( )

85. 무엇이든지 팔 자신이 있다. ·· ( )( )

86. 어디서든지 잘 어울리는 편이다. ······································ ( )( )

87. 다른 사람을 논리적으로 설득할 수 있다. ························· ( )( )

88. 다른 사람의 잔소리를 참을 수가 없다. ··························· ( )( )

89. 자주 후회한다. ··· ( )( )

90. 세상을 살면서 별 불만이 없다. ······································ ( )( )

91. 밤에 잠을 자주 설친다. ·· ( )( )

92. 독단적인 성격이다. ·· ( )( )

93. 의존적인 성격이다. ·· ( )( )

94. 자주 불안해한다. ·· ( )( )

95. 다른 사람의 휴대전화 번호를 외우고 다닌다. ··················· ( )( )

96. 인생의 의미가 반드시 존재한다. ······································ ( )( )

97. 윗사람에게 고분고분하다. ·· ( )( )

98. 습관적으로 운다. ·· ( )( )

99. 날씨가 조금이라도 좋지 않으면 우산을 챙긴다. ················ ( )( )

100. 쉽게 좌절한다. ·· ( )( )

101. 나의 업무는 규칙대로 수행해야만 한다. ·························· ( )( )

102. 항상 변화해야 한다. ··· ( )( )

103. 뒷담화를 즐겨한다. ·· ( )( )

104. 다른 환경에 잘 적응한다. ·· ( )( )

105. 나쁜 일이 닥치면 패닉에 빠진다. ···································· ( )( )

106. 승부욕이 약하다. ··· (   )(   )

107. 모임에서 다른 사람을 이끌어 나가는 것이 좋다. ·· (   )(   )

108. 다른 사람이 뭐라 하던 신경 쓰지 않는다. ·· (   )(   )

109. 회사생활에서 무엇보다 중요한 것은 인간관계이다. ·· (   )(   )

110. 내 취미가 유행에 맞지 않더라도 좋다. ··· (   )(   )

111. 예상치 못한 일이 닥치면 침착하지 못한다. ·· (   )(   )

112. 많이 피곤하다. ··· (   )(   )

113. 옆집의 구성원을 알고 있다. ··· (   )(   )

114. 다른 사람에게 자주 짜증을 낸다. ··· (   )(   )

115. 수다를 즐기지 않는다. ··· (   )(   )

116. 무엇이든지 적극적이다. ·· (   )(   )

117. 다른 사람의 불평을 끝까지 들을 수 있다. ·· (   )(   )

118. 숙제를 미뤄본 적이 없다. ··· (   )(   )

119. 커다란 인생목표를 가지고 있다. ·· (   )(   )

120. 정이 많은 성격이다. ·· (   )(   )

121. 뜨거워지기 쉽고 식기 쉽다. ··· (   )(   )

122. 자신만의 세계를 가지고 있다. ··· (   )(   )

123. 많은 사람 앞에서도 긴장하는 일은 없다. ··· (   )(   )

124. 말하는 것을 아주 좋아한다. ··· (   )(   )

125. 인생을 포기하는 마음을 가진 적이 한 번도 없다. ··· (   )(   )

126. 어두운 성격이다. ·· (   )(   )

127. 금방 반성한다. ··· (   )(   )

128. 활동범위가 넓은 편이다. ··· (   )(   )

129. 자신을 끈기있는 사람이라고 생각한다. ·· (   )(   )

130. 좋다고 생각하더라도 좀 더 검토하고 나서 실행한다. ·· (   )(   )

131. 위대한 인물이 되고 싶다. ·· (   )(   )

132. 한 번에 많은 일을 떠맡아도 힘들지 않다. ··· (   )(   )

133. 사람과 만날 약속은 부담스럽다. ··· (   )(   )

134. 질문을 받으면 충분히 생각하고 나서 대답하는 편이다. ·······························(   )(   )

135. 머리를 쓰는 것보다 땀을 흘리는 일이 좋다. ···································(   )(   )

136. 결정한 것에는 철저히 구속받는다. ··(   )(   )

137. 외출 시 문을 잠그었는지 몇 번을 확인한다. ·······························(   )(   )

138. 어차피 할 거라면 일등이 되고 싶다. ··(   )(   )

139. 과감하게 도전하는 타입이다. ··(   )(   )

140. 자신은 사교적이 아니라고 생각한다. ·······································(   )(   )

141. 무심코 도리에 대해서 말하고 싶어진다. ····································(   )(   )

142. '항상 건강하네요'라는 말을 듣는다. ···(   )(   )

143. 단념하면 끝이라고 생각한다. ··(   )(   )

144. 예상하지 못한 일은 하고 싶지 않다. ··(   )(   )

145. 파란만장하더라도 성공하는 인생을 걷고 싶다. ····························(   )(   )

146. 활기찬 편이라고 생각한다. ··(   )(   )

147. 소극적인 편이라고 생각한다. ··(   )(   )

148. 무심코 평론가가 되어 버린다. ···(   )(   )

149. 자신은 성급하다고 생각한다. ··(   )(   )

150. 꾸준히 노력하는 타입이라고 생각한다. ·····································(   )(   )

151. 내일의 계획이라도 메모한다. ··(   )(   )

152. 리더십이 있는 사람이 되고 싶다. ··(   )(   )

153. 열정적인 사람이라고 생각한다. ··(   )(   )

154. 다른 사람 앞에서 이야기를 잘 하지 못한다. ·······························(   )(   )

155. 통찰력이 있는 편이다. ··(   )(   )

156. 엉덩이가 가벼운 편이다. ··(   )(   )

157. 여러 가지로 구애됨이 있다. ···(   )(   )

158. 돌다리도 두들겨 보고 건너는 쪽이 좋다. ··································(   )(   )

159. 자신에게는 권력욕이 있다. ···(   )(   )

160. 업무를 할당받으면 기쁘다. ···(   )(   )

161. 사색적인 사람이라고 생각한다. ···(   )(   )

162. 비교적 개혁적이다. ···(　)(　)

163. 좋고 싫음으로 정할 때가 많다. ···(　)(　)

164. 전통에 구애되는 것은 버리는 것이 적절하다. ···(　)(　)

165. 교제 범위가 좁은 편이다. ···(　)(　)

166. 발상의 전환을 할 수 있는 타입이라고 생각한다. ·································(　)(　)

167. 너무 주관적이어서 실패한다. ···(　)(　)

168. 현실적이고 실용적인 면을 추구한다. ···(　)(　)

169. 내가 어떤 배우의 팬인지 아무도 모른다. ···(　)(　)

170. 현실보다 가능성이다. ··(　)(　)

171. 마음이 담겨 있으면 선물은 아무 것이나 좋다. ·····································(　)(　)

172. 여행은 마음대로 하는 것이 좋다. ···(　)(　)

173. 추상적인 일에 관심이 있는 편이다. ···(　)(　)

174. 일은 대담히 하는 편이다. ···(　)(　)

175. 괴로워하는 사람을 보면 우선 동정한다. ···(　)(　)

176. 가치기준은 자신의 안에 있다고 생각한다. ···(　)(　)

177. 조용하고 조심스러운 편이다. ···(　)(　)

178. 상상력이 풍부한 편이라고 생각한다. ···(　)(　)

179. 의리, 인정이 두터운 상사를 만나고 싶다. ···(　)(　)

180. 인생의 앞날을 알 수 없어 재미있다. ···(　)(　)

181. 밝은 성격이다. ··(　)(　)

182. 별로 반성하지 않는다. ··(　)(　)

183. 활동범위가 좁은 편이다. ···(　)(　)

184. 자신을 시원시원한 사람이라고 생각한다. ···(　)(　)

185. 좋다고 생각하면 바로 행동한다. ···(　)(　)

186. 좋은 사람이 되고 싶다. ··(　)(　)

187. 한 번에 많은 일을 떠맡는 것은 골칫거리라고 생각한다. ·····················(　)(　)

188. 사람과 만날 약속은 즐겁다. ···(　)(　)

189. 질문을 받으면 그때의 느낌으로 대답하는 편이다. ·································(　)(　)

190. 땀을 흘리는 것보다 머리를 쓰는 일이 좋다. ……………………………………… (   )(   )

191. 결정한 것이라도 그다지 구속받지 않는다. ……………………………………… (   )(   )

192. 외출 시 문을 잠갔는지 별로 확인하지 않는다. …………………………………… (   )(   )

193. 지위에 어울리면 된다. …………………………………………………………………… (   )(   )

194. 안전책을 고르는 타입이다. ……………………………………………………………… (   )(   )

195. 자신은 사교적이라고 생각한다. ………………………………………………………… (   )(   )

196. 도리는 상관없다. …………………………………………………………………………… (   )(   )

197. 침착하다는 말을 듣는다. ………………………………………………………………… (   )(   )

198. 단념이 중요하다고 생각한다. …………………………………………………………… (   )(   )

199. 예상하지 못한 일도 해보고 싶다. ……………………………………………………… (   )(   )

200. 평범하고 평온하게 행복한 인생을 살고 싶다. ……………………………………… (   )(   )

201. 몹시 귀찮아하는 편이라고 생각한다. ………………………………………………… (   )(   )

202. 특별히 소극적이라고 생각하지 않는다. ……………………………………………… (   )(   )

203. 이것저것 평하는 것이 싫다. …………………………………………………………… (   )(   )

204. 자신은 성급하지 않다고 생각한다. …………………………………………………… (   )(   )

205. 꾸준히 노력하는 것을 잘 하지 못한다. ……………………………………………… (   )(   )

206. 내일의 계획은 머릿속에 기억한다. …………………………………………………… (   )(   )

207. 협동성이 있는 사람이 되고 싶다. ……………………………………………………… (   )(   )

208. 열정적인 사람이라고 생각하지 않는다. ……………………………………………… (   )(   )

209. 다른 사람 앞에서 이야기를 잘한다. …………………………………………………… (   )(   )

210. 행동력이 있는 편이다. …………………………………………………………………… (   )(   )

211. 엉덩이가 무거운 편이다. ………………………………………………………………… (   )(   )

212. 특별히 구애받는 것이 없다. …………………………………………………………… (   )(   )

213. 돌다리는 두들겨 보지 않고 건너도 된다. …………………………………………… (   )(   )

214. 자신에게는 권력욕이 없다. ……………………………………………………………… (   )(   )

215. 업무를 할당받으면 부담스럽다. ………………………………………………………… (   )(   )

216. 활동적인 사람이라고 생각한다. ………………………………………………………… (   )(   )

217. 비교적 보수적이다. ………………………………………………………………………… (   )(   )

218. 손해인지 이익인지를 기준으로 결정할 때가 많다. ·····························( )( )

219. 전통을 견실히 지키는 것이 적절하다. ·······································( )( )

220. 교제 범위가 넓은 편이다. ···( )( )

221. 상식적인 판단을 할 수 있는 타입이라고 생각한다. ·······················( )( )

222. 너무 객관적이어서 실패한다. ···( )( )

223. 보수적인 면을 추구한다. ···( )( )

224. 내가 누구의 팬인지 주변의 사람들이 안다. ································( )( )

225. 가능성보다 현실이다. ··( )( )

226. 그 사람이 필요한 것을 선물하고 싶다. ·····································( )( )

227. 여행은 계획적으로 하는 것이 좋다. ···( )( )

228. 구체적인 일에 관심이 있는 편이다. ···( )( )

229. 일은 착실히 하는 편이다. ···( )( )

230. 괴로워하는 사람을 보면 우선 이유를 생각한다. ···························( )( )

231. 가치기준은 자신의 밖에 있다고 생각한다. ································( )( )

232. 밝고 개방적인 편이다. ··( )( )

233. 현실 인식을 잘하는 편이라고 생각한다. ···································( )( )

234. 공평하고 공적인 상사를 만나고 싶다. ·······································( )( )

235. 시시해도 계획적인 인생이 좋다. ···( )( )

236. 적극적으로 사람들과 관계를 맺는 편이다. ································( )( )

237. 활동적인 편이다. ···( )( )

238. 몸을 움직이는 것을 좋아하지 않는다. ·······································( )( )

239. 쉽게 질리는 편이다. ··( )( )

240. 경솔한 편이라고 생각한다. ···( )( )

241. 인생의 목표는 손이 닿을 정도면 된다. ·····································( )( )

242. 무슨 일도 좀처럼 시작하지 못한다. ···( )( )

243. 초면인 사람과도 바로 친해질 수 있다. ·····································( )( )

244. 행동하고 나서 생각하는 편이다. ···( )( )

245. 쉬는 날은 집에 있는 경우가 많다. ··( )( )

246. 완성되기 전에 포기하는 경우가 많다. ·· (   )(   )

247. 계획 없는 여행을 좋아한다. ·· (   )(   )

248. 욕심이 없는 편이라고 생각한다. ··· (   )(   )

249. 활동력이 별로 없다. ··· (   )(   )

250. 많은 사람들과 왁자지껄하게 식사하는 것을 좋아한다. ·· (   )(   )

251. 이유 없이 불안할 때가 있다. ··· (   )(   )

252. 주위 사람의 의견을 생각해서 발언을 자제할 때가 있다. ······································ (   )(   )

253. 자존심이 강한 편이다. ·· (   )(   )

254. 생각 없이 함부로 말하는 경우가 많다. ··· (   )(   )

255. 정리가 되지 않은 방에 있으면 불안하다. ·· (   )(   )

256. 거짓말을 한 적이 한 번도 없다. ··· (   )(   )

257. 슬픈 영화나 TV를 보면 자주 운다. ·· (   )(   )

258. 자신을 충분히 신뢰할 수 있다고 생각한다. ·· (   )(   )

259. 노래방을 아주 좋아한다. ·· (   )(   )

260. 자신만이 할 수 있는 일을 하고 싶다. ·· (   )(   )

261. 자신을 과소평가하는 경향이 있다. ··· (   )(   )

262. 책상 위나 서랍 안은 항상 깔끔히 정리한다. ··· (   )(   )

263. 건성으로 일을 할 때가 자주 있다. ·· (   )(   )

264. 남의 험담을 한 적이 없다. ·· (   )(   )

265. 쉽게 화를 낸다는 말을 듣는다. ··· (   )(   )

266. 초초하면 손을 떨고, 심장박동이 빨라진다. ·· (   )(   )

267. 토론하여 진 적이 한 번도 없다. ··· (   )(   )

268. 덩달아 떠든다고 생각할 때가 자주 있다. ·· (   )(   )

269. 아첨에 넘어가기 쉬운 편이다. ··· (   )(   )

270. 주변 사람이 자기 험담을 하고 있다고 생각할 때가 있다. ···································· (   )(   )

271. 이론만 내세우는 사람과 대화하면 짜증이 난다. ··· (   )(   )

272. 상처를 주는 것도, 받는 것도 싫다. ·· (   )(   )

273. 매일 그날을 반성한다. ·· (   )(   )

274. 주변 사람이 피곤해 하여도 자신은 원기왕성하다. ····················( )( )

275. 친구를 재미있게 하는 것을 좋아한다. ·······························( )( )

276. 아침부터 아무것도 하고 싶지 않을 때가 있다. ·····················( )( )

277. 지각을 하면 학교를 결석하고 싶어졌다. ···························( )( )

278. 이 세상에 없는 세계가 존재한다고 생각한다. ·····················( )( )

279. 하기 싫은 것을 하고 있으면 무심코 불만을 말한다. ··············( )( )

280. 투지를 드러내는 경향이 있다. ·····································( )( )

281. 뜨거워지기 쉽고 식기 쉬운 성격이다. ···························( )( )

282. 어떤 일이라도 헤쳐 나가는 데 자신이 있다. ·····················( )( )

283. 착한 사람이라는 말을 들을 때가 많다. ···························( )( )

284. 자신을 다른 사람보다 뛰어나다고 생각한다. ·····················( )( )

285. 개성적인 사람이라는 말을 자주 듣는다. ·························( )( )

286. 누구와도 편하게 대화할 수 있다. ·································( )( )

287. 특정 인물이나 집단에서라면 가볍게 대화할 수 있다. ···········( )( )

288. 사물에 대해 깊이 생각하는 경향이 있다. ·······················( )( )

289. 스트레스를 해소하기 위해 집에서 조용히 지낸다. ···············( )( )

290. 계획을 세워서 행동하는 것을 좋아한다. ·························( )( )

291. 현실적인 편이다. ···( )( )

292. 주변의 일을 성급하게 해결한다. ·································( )( )

293. 이성적인 사람이 되고 싶다고 생각한다. ·························( )( )

294. 생각한 일을 행동으로 옮기지 않으면 기분이 찜찜하다. ··········( )( )

295. 생각했다고 해서 꼭 행동으로 옮기는 것은 아니다. ··············( )( )

296. 목표 달성을 위해서는 온갖 노력을 다한다. ·····················( )( )

297. 적은 친구랑 깊게 사귀는 편이다. ·······························( )( )

298. 경쟁에서 절대로 지고 싶지 않다. ·······························( )( )

299. 내일해도 되는 일을 오늘 안에 끝내는 편이다. ··················( )( )

300. 새로운 친구를 곧 사귈 수 있다. ·································( )( )

301. 문장은 미리 내용을 결정하고 나서 쓴다. ·······················( )( )

302. 사려 깊은 사람이라는 말을 듣는 편이다. ·····································( )( )
303. 활발한 사람이라는 말을 듣는 편이다. ·······································( )( )
304. 기회가 있으면 꼭 얻는 편이다. ···( )( )
305. 외출이나 초면의 사람을 만나는 일은 잘 하지 못한다. ·················( )( )
306. 단념하는 것은 있을 수 없다. ···( )( )
307. 위험성을 무릅쓰면서 성공하고 싶다고 생각하지 않는다. ·············( )( )
308. 학창시절 체육수업을 좋아했다. ··( )( )
309. 휴일에는 집 안에서 편안하게 있을 때가 많다. ·························( )( )
310. 무슨 일도 결과가 중요하다. ··( )( )
311. 성격이 유연하게 대응하는 편이다. ···( )( )
312. 더 높은 능력이 요구되는 일을 하고 싶다. ·······························( )( )
313. 자기 능력의 범위 내에서 정확히 일을 하고 싶다. ·····················( )( )
314. 새로운 사람을 만날 때는 두근거린다. ·····································( )( )
315. '누군가 도와주지 않을까'라고 생각하는 편이다. ······················( )( )
316. 건강하고 활발한 사람을 동경한다. ···( )( )
317. 친구가 적은 편이다. ··( )( )
318. 문장을 쓰면서 생각한다. ···( )( )
319. 정해진 친구만 교제한다. ···( )( )
320. 한 우물만 파고 싶다. ··( )( )
321. 여러가지 일을 경험하고 싶다. ···( )( )
322. 스트레스를 해소하기 위해 몸을 움직인다. ·······························( )( )
323. 사물에 대해 가볍게 생각하는 경향이 있다. ·····························( )( )
324. 기한이 정해진 일은 무슨 일이 있어도 끝낸다. ·························( )( )
325. 결론이 나도 여러 번 생각을 하는 편이다. ·······························( )( )
326. 일단 무엇이든지 도전하는 편이다. ···( )( )
327. 쉬는 날은 외출하고 싶다. ··( )( )
328. 사교성이 있는 편이라고 생각한다. ···( )( )
329. 남의 앞에 나서는 것을 잘 하지 못하는 편이다. ·······················( )( )

330. 모르는 것이 있어도 행동하면서 생각한다. ···( )( )

331. 납득이 안 되면 행동이 안 된다. ··( )( )

332. 약속시간에 여유를 가지고 약간 빨리 나가는 편이다. ·····················( )( )

333. 현실적이다. ···( )( )

334. 곰곰이 끝까지 해내는 편이다. ···( )( )

335. 유연히 대응하는 편이다. ···( )( )

336. 휴일에는 운동 등으로 몸을 움직일 때가 많다. ·································( )( )

337. 학창시절 체육수업을 못했다. ···( )( )

338. 성공을 위해서는 어느 정도의 위험성을 감수한다. ··························( )( )

339. 단념하는 것이 필요할 때도 있다. ···( )( )

340. '내가 안하면 누가 할 것인가'라고 생각하는 편이다. ·····················( )( )

341. 새로운 사람을 만날 때는 용기가 필요하다. ·····································( )( )

342. 친구가 많은 편이다. ···( )( )

343. 차분하고 사려 깊은 사람을 동경한다. ···( )( )

344. 결론이 나면 신속히 행동으로 옮겨진다. ···( )( )

345. 기한 내에 끝내지 못하는 일이 있다. ···( )( )

346. 이유 없이 불안할 때가 있다. ···( )( )

347. 주위 사람의 의견을 생각해서 발언을 자제할 때가 있다. ···············( )( )

348. 자존심이 강한 편이다. ···( )( )

349. 생각 없이 함부로 말하는 경우가 많다. ···( )( )

350. 정리가 되지 않은 방에 있으면 불안하다. ···( )( )

351. 거짓말을 한 적이 한 번도 없다. ···( )( )

352. 슬픈 영화나 TV를 보면 자주 운다. ···( )( )

353. 자신을 충분히 신뢰할 수 있다고 생각한다. ·····································( )( )

354. 노래방을 아주 좋아한다. ···( )( )

355. 자신만이 할 수 있는 일을 하고 싶다. ···( )( )

356. 자신을 과소평가하는 경향이 있다. ···( )( )

357. 책상 위나 서랍 안은 항상 깔끔히 정리한다. ···································( )( )

358. 건성으로 일을 할 때가 자주 있다. ···( )( )

359. 남의 험담을 한 적이 없다. ···( )( )

360. 쉽게 화를 낸다는 말을 듣는다. ··( )( )

361. 초초하면 손을 떨고, 심장박동이 빨라진다. ·······························( )( )

362. 토론하여 진 적이 한 번도 없다. ··( )( )

363. 덩달아 떠든다고 생각할 때가 자주 있다. ··································( )( )

364. 아첨에 넘어가기 쉬운 편이다. ···( )( )

365. 주변 사람이 자기 험담을 하고 있다고 생각할 때가 있다. ···············( )( )

366. 이론만 내세우는 사람과 대화하면 짜증이 난다. ·························( )( )

367. 상처를 주는 것도, 받는 것도 싫다. ··( )( )

368. 매일 그날을 반성한다. ··( )( )

369. 주변 사람이 피곤해하여도 자신은 원기왕성하다. ·······················( )( )

370. 친구를 재미있게 하는 것을 좋아한다. ·····································( )( )

371. 아침부터 아무것도 하고 싶지 않을 때가 있다. ···························( )( )

372. 지각을 하면 학교를 결석하고 싶어진다. ··································( )( )

373. 이 세상에 없는 세계가 존재한다고 생각한다. ···························( )( )

374. 하기 싫은 것을 하고 있으면 무심코 불만을 말한다. ····················( )( )

375. 투지를 드러내는 경향이 있다. ···( )( )

376. 뜨거워지기 쉽고 식기 쉬운 성격이다. ·····································( )( )

377. 어떤 일이라도 헤쳐 나가는데 자신이 있다. ·····························( )( )

378. 착한 사람이라는 말을 들을 때가 많다. ····································( )( )

379. 자신을 다른 사람보다 뛰어나다고 생각한다. ···························( )( )

380. 개성적인 사람이라는 말을 자주 듣는다. ··································( )( )

381. 누구와도 편하게 대화할 수 있다. ···( )( )

382. 특정 인물이나 집단에서라면 가볍게 대화할 수 있다. ···················( )( )

383. 사물에 대해 깊이 생각하는 경향이 있다. ·································( )( )

384. 스트레스를 해소하기 위해 집에서 조용히 지낸다. ······················( )( )

385. 계획을 세워서 행동하는 것을 좋아한다. ··································( )( )

386. 현실적인 편이다. ··( )( )

387. 주변의 일을 성급하게 해결한다. ··( )( )

388. 이성적인 사람이 되고 싶다고 생각한다. ··( )( )

389. 생각한 일을 행동으로 옮기지 않으면 기분이 찜찜하다. ············( )( )

390. 생각했다고 해서 꼭 행동으로 옮기는 것은 아니다. ····················( )( )

391. 목표 달성을 위해서는 온갖 노력을 다한다. ································( )( )

392. 적은 친구랑 깊게 사귀는 편이다. ··( )( )

393. 경쟁에서 절대로 지고 싶지 않다. ··( )( )

394. 내일해도 되는 일을 오늘 안에 끝내는 편이다. ··························( )( )

395. 새로운 친구를 곧 사귈 수 있다. ··( )( )

396. 문장은 미리 내용을 결정하고 나서 쓴다. ····································( )( )

397. 사려 깊은 사람이라는 말을 듣는 편이다. ····································( )( )

398. 활발한 사람이라는 말을 듣는 편이다. ··( )( )

399. 기회가 있으면 꼭 얻는 편이다. ··( )( )

400. 외출이나 초면의 사람을 만나는 일은 잘 하지 못한다. ············( )( )

PART

03

직무적성평가

CHAPTER

01 언어

1 중의적 표현에 대한 다음 설명을 참고할 때, 구조적 중의성의 사례가 아닌 것은?

> 중의적 표현(중의성)이란 하나의 표현이 두 가지 이상의 의미로 해석되는 표현을 일컫는다. 그 특징은 해학이나 풍자 등에 활용되며, 의미의 다양성으로 문학 작품의 예술성을 높이는 데 기여한다. 하지만 의미 해석의 혼동으로 인해 원활한 의사소통에 방해를 줄 수도 있다.
>
> 이러한 중의성은 어휘적 중의성과 구조적 중의성으로 크게 구분할 수 있다. 어휘적 중의성은 다시 세 가지 부류로 나누는데 첫째, 다의어에 의한 중의성이다. 다의어는 의미를 복합적으로 가지고 있는데, 기본 의미를 가지고 있는 동시에 파생적 의미도 가지고 있어서 그 어휘의 기본적 의미가 내포되어 있는 상태에서 다른 의미로도 쓸 수 있다. 둘째, 어휘적 중의성으로 동음어에 의한 중의적 표현이 있다. 동음어에 의한 중의적 표현은 순수한 동음어에 의한 중의적 표현과 연음으로 인한 동음이의어 현상이 있다. 셋째, 동사의 상적 속성에 의한 중의성이 있다.
>
> 구조적 중의성은 문장의 구조 특성으로 인해 중의성이 일어나는 것을 말하는데, 이러한 중의성은 수식 관계, 주어의 범위, 서술어와 호응하는 논항의 범위, 수량사의 지배범위, 부정문의 지배범주 등에 의해 일어난다.

① 나이 많은 길동이와 을순이가 결혼을 한다.
② 그 녀석은 나와 아버지를 만났다.
③ 영희는 친구들을 기다리며 장갑을 끼고 있었다.
④ 그녀가 보고 싶은 친구들이 참 많다.
⑤ 그건 오래 전부터 아끼던 그녀의 선물이다.

> ✔**해설** ③ 영희가 장갑을 이미 낀 상태인지, 장갑을 끼는 동작을 진행 중인지 의미가 확실치 않은 동사의 상적 속성에 의한 중의성의 사례가 된다.
> ① 수식어에 의한 중의성의 사례로, 길동이가 나이가 많은 것인지, 길동이와 을순이 모두가 나이가 많은 것인지가 확실치 않은 중의성을 포함하고 있다.
> ② 접속어에 의한 중의성의 사례로, '그 녀석'이 나와 함께 가서 아버지를 만난건지, 나와 아버지를 각각 만난건지, 나와 아버지 둘을 같이 만난건지가 확실치 않은 중의성을 포함하고 있다.
> ④ 명사구 사이 동사에 의한 중의성의 사례로, 그녀가 친구들을 보고 싶어 하는 것인지 친구들이 그녀를 보고 싶어 하는 것인지가 확실치 않은 중의성을 포함하고 있다.
> ⑤ 수식어에 의한 중의성의 사례로, '아끼던'의 수식을 받는 말이 그녀인지 선물인지가 확실치 않은 중의성을 포함하고 있다.

2 다음 글의 밑줄 친 부문을 고쳐 쓰기 위한 방안으로 적절하지 않은 것은?

> 봉사는 자발적으로 이루어지는 것이므로 원칙적으로 아무런 보상이 주어지지 않는다. ㉠그리고 적절한 칭찬이 주어지면 자발적 봉사자들의 경우에도 더욱 적극적으로 활동하게 된다고 한다. ㉡그러나 이러한 칭찬 대신 일정액의 보상을 제공하면 어떻게 될까? ㉢오히려 봉사자들의 동기는 약화된다고 한다. ㉣나는 여름방학 동안에 봉사활동을 많이 해 왔다. 왜냐하면 봉사에 대해 주어지는 금전적 보상은 봉사자들에게 그릇된 메시지를 전달하기 때문이다. 봉사에 보수가 주어지면 봉사자들은 다른 봉사자들도 무보수로는 일하지 않는다고 생각할 것이고 언제나 보수를 기대하게 된다. 보수를 기대하게 되면 그것은 봉사라고 하기 어렵다. ㉤즉, 자발적 봉사가 사라진 자리를 이익이 남는 거래가 차지하고 만다.

① ㉠은 앞의 문장과는 상반된 내용이므로 '하지만'으로 고쳐 쓴다.
② ㉡에서 만일의 상황을 가정하므로 '그러나'는 '만일'로 고쳐 쓴다.
③ ㉢'오히려'는 뒤 내용이 일반적 예상과는 다른 결과가 될 것임을 암시하는데, 이는 적절하므로 그대로 둔다.
④ ㉣은 글의 내용과는 관련 없는 부분이므로 삭제한다.
⑤ ㉤의 '즉'은 '예를 들면'으로 고쳐 쓴다.

✔해설 ⑤ '즉'은 옳게 쓰여진 것으로 고쳐 쓰면 안 된다.

Answer 1.③ 2.⑤

3 〈보기〉를 참조할 때, ㉠과 유사한 예로 볼 수 없는 것은?

> 어머니가 세탁기 버튼을 눌러 놓고는 텔레비전 드라마를 보고 있다. 우리가 이러한 모습을 볼 수 있는 이유는 바로 전자동 세탁기의 등장 때문이다. 전자동 세탁기는 세탁조 안에 탈수조가 있으며 탈수조 바닥에는 물과 빨랫감을 회전시키는 세탁판이 있다. 그리고 세탁조 밑에 클러치가 있는데, 클러치는 모터와 연결되어 있어서 모터의 힘을 세탁판이나 탈수조에 전달한다. 마이크로컴퓨터는 이 장치들을 제어하여 빨래를 하게 한다. 그렇다면 빨래로부터 주부들의 ㉠손을 놓게 한 전자동 세탁기는 어떻게 빨래를 하는가?

> 〈보기〉
> ㉠은 '손(을)'과 '놓다'가 결합하여, 각 단어가 지닌 원래 의미와는 다른 새로운 의미, 즉 '하던 일을 그만두거나 잠시 멈추다.'의 뜻을 나타낸다. 이렇게 두 개 이상의 단어가 만나 새로운 의미를 가지는 경우가 있다.

① 어제부터 모두들 그 식당에 발을 끊었다.
② 모든 학생들이 선생님 말씀에 귀를 기울였다.
③ 결국은 결승전에서 우리 편이 무릎을 꿇었다.
④ 조용히 눈을 감고 미래의 자신의 모습을 생각했다.
⑤ 장에 가신 아버지가 오시기를 목을 빼고 기다렸다.

> ✔해설 ④ '눈을 감고'는 눈꺼풀을 내려 눈동자를 덮는 것을 의미한다. 단어의 본래의 의미가 사용되었으므로 관용적 표현이 아니다.

4   다음 글의 밑줄 친 '보다'와 같은 의미의 '보다'가 쓰인 문장은 어느 깃인가?

> 스스로를 '말 잘 듣는 착한 아이였다'고 말한 그녀는 ○○대 ○○학과를 나와 K사에 입사했다. 의대에 가고 싶었지만 집안이 어려워 장학금을 받기 위해 성적보다 낮춰 대학에 지원했다. 맞선을 본 남편과 몇 달 만에 결혼했고 임신과 함께 직장을 그만두었다. 모교 약대에 입학한 건 아이가 세 살이 지나서였다.

① H 부부는 아이를 봐 줄 사람을 구하였다.
② 지금 나 좀 잠깐 볼 수 있는지 한 번 물어봐 줄래?
③ 그 노인의 사정을 보니 딱하게 되었다.
④ 수상한 사람을 보면 신고하시오.
⑤ 나 혼자 공연장 일을 보느라 끼니를 해결할 시간도 없다.

> ✔ 해설 주어진 글에 쓰인 '맞선을 보다'는 선택지 ②의 '잠깐 좀 보다'의 경우와 함께 '일정한 목적 아래 만나다'의 의미를 갖는 어휘이다.
> ① '맡아서 보살피거나 지키다'의 의미를 갖는다.
> ③ '상대편의 형편 따위를 헤아리다'의 의미를 갖는다.
> ④ '눈으로 대상의 존재나 형태적 특징을 알다'의 의미를 갖는다.
> ⑤ '어떤 일을 맡아 하다'의 의미를 갖는다.

5 다음 중 밑줄 친 어휘의 사용이 올바르지 않은 것은?

① <u>가늠</u>이 안 되는 건물의 높이에 웃음으로 놀라움에 표현을 <u>갈음하였다</u>.

② 그렇게 여러 번 당해서 <u>데고도</u> 또 시간에 <u>대서</u> 오질 못했다.

③ 그녀는 잠자리에서 몸을 <u>추켜세우고는</u> 화장대에서 눈썹을 <u>치켜세우기</u> 시작하였다.

④ 콩이 <u>붓기</u> 시작하니 어머니는 가마솥에 물을 <u>붇고</u> 끓이기 시작하였다.

⑤ 잡은 물고기에 알이 가득 <u>배어서</u> 차마 칼로 <u>베지</u>를 못하였다.

> ✔해설 ④ '액체나 가루 따위를 다른 곳에 담는 것'은 '붓다'이며, '물에 젖어서 부피가 커지는 것'은 '붇다'이다.
> 따라서 '콩이 붇기(ㄷ불규칙)', '물을 붓고'가 올바른 표현이다.
> ① '가늠'은 '사물을 어림잡아 헤아린다.'는 의미이며, '갈음'은 '다른 것으로 바꾸어 대신하다'는 의미이다.
> ② '데다'는 '몹시 놀라거나 심한 괴로움을 겪어 진저리가 난다'는 의미이며, '대다'는 '정해진 시간에 닿거나 맞춘다.'는 의미이다.
> ③ '몸이나 눈썹을 위쪽으로 올리다'는 뜻으로 '추켜세우다'와 '치켜세우다' 모두 사용할 수 있다.
> ⑤ '물고기 따위의 배 속에 알이 들다'의 의미인 경우 '배다'가 올바른 표현이며, '날이 있는 연장 따위로 무엇을 끊거나 자르거나 가르다'의 의미인 경우 '베다'가 올바른 표현이다.

6 다음 빈칸에 논리적으로 어울리는 접속사를 고르시오

> 한국 한자음이 어느 시대의 중국 한자음에 기반을 두고 있는지에 대해서는 학자들에 따라 이 견이 있다. 어느 한시대의 한자음에 기반을 두고 있을 수도 있고, 개별 한자들이 수입된 시차에 따라서 여러 시대의 중국 한자음에 기반을 두고 있을 수도 있다. (㉠) 확실한 것은 한국 한자음은 중국 한자음과도 다르고 일본 한자음과도 다르고 베트남 옛 한자음과도 다르다는 것이다. 물론 그것이 그 기원이 된 중국 한자음과 아무런 대응 관계도 없는 것은 아니다. (㉡) 그것은 한국어 음운체계의 영향으로 독특한 모습을 띠는 경우가 많다. 그래서 한국 한자음을 영어로는 'Sino-Korean'이라고 한다. 이것은 우리말 어휘의 반 이상을 차지하고 있는 한자어가, 중국어도 아니고 일본어도 아닌 한국어라는 것을 뜻한다.

	㉠	㉡
①	그리고	그래서
②	그런데	그리고
③	그래서	그리고
④	그러나	그러나
⑤	게다가	그래도

7 다음 제시된 글의 논지 전개 과정으로 옳은 것을 고르시오.

> ㉠ 1990년을 넘어서면서 미술의 본질을 표현으로 보는 견해가 일반화되었다.
> ㉡ 결국, 미술에 있어서 '현대성'이라는 초점은 이러한 표현 문제에서 비롯되는 것으로 생각할 수 있다.
> ㉢ 다시 말해서 표현이 일정한 대상을 전제로 하고 있지 않다는 관점에서 이해될 수 있다.
> ㉣ 이러한 이해는, 화면을 자연으로 향해 열려진 창문으로 보려 했던 인상파와는 달리 보여 지는 자연과는 무관하게 화면 그 자체의 질서를 찾으려 했던 고갱의 태도와 연결된다.

① ㉠과 ㉡은 의견을 진술하고 있다.
② ㉡은 ㉠의 뒷받침 문장이다.
③ ㉢은 ㉡의 근거이다.
④ ㉣은 ㉢을 구체화한 것이다.
⑤ ㉢은 ㉠의 반론이다.

✔해설 ㉠은 사실 진술, ㉡은 의견 진술, ㉢은 첨가 ㉣은 예시이다.

8 다음 글을 통해 답을 찾을 수 없는 질문은?

사진은 자신의 주관대로 끌고 가야 한다. 일정한 규칙이 없는 사진 문법으로 의사 소통을 하고자 할 때 필요한 것은 대상이 되는 사물의 객관적 배열이 아니라 주관적 조합이다. 어떤 사물을 어떻게 조합해서 어떤 생각이나 느낌을 나타내는가 하는 것은 작가의 주관적 판단에 의할 수밖에 없다. 다만 철저하게 주관적으로 엮어야 한다는 것만은 확실하다.

주관적으로 엮고, 사물을 조합한다고 해서 소위 '만드는 사진'처럼 합성을 하고 이중 촬영을 하라는 뜻은 아니다. 특히 요즈음 디지털 사진이 보편화되면서 포토샵을 이용한 합성이 많이 보이지만, 그런 것을 권하려는 것이 아니다. 사물을 있는 그대로 찍되, 주위 환경과 어떻게 어울리게 하여 어떤 의미로 살려 낼지를 살펴서 그들끼리 연관을 지을 줄 아는 능력을 키우라는 뜻이다.

사람들 중에는 아직도 사진이 객관적인 매체라고 오해하는 사람들이 퍽 많다. 그러나 사진의 형태만 보면 객관적일 수 있지만, 내용으로 들어가 보면 객관성은 한 올도 없다. 어떤 대상을 찍을 것인가 하는 것부터가 주관적인 선택 행위이다. 아름다움을 표현하기 위해서 꽃을 찍는 사람이 있는가 하면 꽃 위를 나는 나비를 찍는 사람도 있을 것이고 그 곁의 여인을 찍는 사람도 있을 것이다. 이처럼 어떤 대상을 택하는가 하는 것부터가 주관적인 작업이며, 이것이 사진이라는 것을 머리에 새겨 두고 사진에 임해야 한다. 특히 그 대상을 어떻게 찍을 것인가로 들어가면 이제부터는 전적으로 주관적인 행위일 수밖에 없다. 렌즈의 선택, 셔터 스피드나 조리개 값의 결정, 대상과의 거리 정하기 등 객관적으로는 전혀 찍을 수 없는 것이 사진이다. 그림이나 조각만이 주관적 예술은 아니다.

때로 객관적이고자 하는 마음으로 접근할 수도 있기는 하다. 특히 다큐멘터리 사진의 경우 상황을 객관적으로 파악, 전달하고자 하는 마음은 이해가 되지만, 어떤 사람도 완전히 객관적으로 접근할 수는 없다. 그 객관이라는 것도 그 사람 입장에서의 객관이지 절대적 객관이란 이 세상에 있을 수가 없는 것이다. 더구나 예술로서의 사진으로 접근함에 있어서야 말할 것도 없는 문제이다. 객관적이고자 하는 시도도 과거의 예술에서 있기는 했지만, 그 역시 객관적이고자 실험을 해 본 것일 뿐 객관적 예술을 이루었다는 것은 아니다.

예술이 아닌 단순 매체로서의 사진이라 해도 객관적일 수는 없다. 그 이유는 간단하다. 사진기가 저 혼자 찍으면 모를까, 찍는 사람이 있는 한 그 사람의 생각과 느낌은 어떻게든지 그 사진에 작용을 한다. 하다못해 무엇을 찍을 것인가 하는 선택부터가 주관적인 행위이다. 더구나 예술로서, 창작으로서의 사진은 주관을 배제하고는 존재조차 할 수 없다는 사실을 깊이 새겨서, 언제나 '나는 이렇게 보았다. 이렇게 생각한다. 이렇게 느꼈다.'라는 점에 충실하도록 노력해야 할 것이다.

① 사진의 주관성을 염두에 두어야 하는 까닭은 무엇인가?
② 사진으로 의사 소통을 하고자 할 때 필요한 것은 무엇인가?
③ 단순 매체로서의 사진도 객관적일 수 없는 까닭은 무엇인가?

④ 사진의 객관성을 살리기 위해서는 구체적으로 어떤 작업을 해야 하는가?

⑤ 사진을 찍을 때 사물을 주관적으로 엮고 조합하라는 것은 어떤 의미인가?

✔해설 ④ 이 글에서는 사진의 주관성에 대해 설명하면서 주관적으로 사진을 찍어야 함을 강조하고 있을 뿐, 사진을 객관적으로 찍으려면 어떻게 작업해야 한다는 구체적인 정보는 나와 있지 않다.

9 다음의 개요 ㈎와 ㈏에 들어갈 항목으로 적절하지 않은 것은?

제목 : 컴퓨터 게임의 장단점
① 서론 : 문제제기
② 본론
　　㉠ 컴퓨터 게임의 장점
　　　• 정신적인 면 : ＿＿＿＿＿㈎＿＿＿＿＿
　　　• 생활적인 면
　　　－적절한 휴식
　　　－공통 화제 확보
　　㉡ 컴퓨터 게임의 단점
　　　• 정신적인 면
　　　－감각적 흥미 추구
　　　－인간성 상실
　　　• 생활적인 면 : ＿＿＿＿＿㈏＿＿＿＿＿
③ 결론 : 컴퓨터 게임에 대한 바람직한 태도

	㈎	㈏
①	기분전환	시간 낭비
②	과학적 호기심	규칙적인 생활 저해
③	전략적 사고의 촉진	학업 성적 저하
④	운동 능력의 발달	스트레스 해소
⑤	스트레스 해소	운동의 부족

✔해설 컴퓨터 게임의 장점 중 정신적인 면과 관련된 예로 '운동 능력의 발달'은 적절하지 않다. 운동 능력은 정신적인 측면이 아닌 육체적 측면이며, 컴퓨터 게임의 장점이 될 수도 없다. 또한, 단점의 생활적인 면에서 '스트레스 해소'는 단점이 될 수 없다. 오히려 컴퓨터 게임의 장점으로 들어가는 것이 적절하다.

Answer 8.④ 9.④

10 다음 글의 핵심적인 논지를 바르게 정리한 것은?

주먹과 손바닥으로 상징되는 이항 대립 체계는 롤랑 바르트도 지적하고 있듯이 서구 문화의 뿌리를 이루고 있는 기본 체계이다. 천사와 악마, 영혼과 육신, 선과 악, 괴물을 죽여야 공주와 행복한 결혼을 한다는 이른바 세인트 조지 콤플렉스가 바로 서구 문화의 본질이었다고 할 수 있다. 그러니까 서양에는 이항 대립의 중간항인 가위가 결핍되어 있었던 것이다. 주먹과 보자기만 있는 대립항에서는 어떤 새로운 변화도 일어나지 않는다. 항상 이기는 보자기와 지는 주먹의 대립만이 존재한다.

서양에도 가위바위보와 같은 민속놀이가 있긴 하지만 그것은 동아시아에서 들어온 것이라고 한다. 그들은 이런 놀이를 들여옴으로써 서양 문화가 논리적 배중률이니 모순율이니 해서 극력 배제하려고 했던 가위의 힘, 말하자면 세 손가락은 닫혀 있고 두 손가락은 펴 있는 양쪽의 성질을 모두 갖춘 중간항을 발견하였다. 열려 있으면서도 닫혀 있는 가위의 존재, 그 때문에 이항 대립의 주먹과 보자기의 세계에 새로운 생기와 긴장감이 생겨난다. 주먹은 가위를 이기고 가위는 보자기를 이기며 보자기는 주먹을 이기는, 그 어느 것도 정상에 이를 수 없으며 그 어느 것도 밑바닥에 깔리지 않는 서열 없는 관계가 형성되는 것이다.

유교에서 말하는 중용(中庸)도 가위의 기호 체계로 보면 정태론이 아니라 강력한 동태적 생성력으로 해석될 수 있을 것이다. 그것은 단순한 균형이나 조화가 아니라 주먹과 보자기의 가치 시스템을 파괴하고 새로운 질서를 끌어내는 혁명의 원리라고도 볼 수 있다. 〈역경(易經)〉을 서양 사람들이 변화의 서(書)라고 부르듯이 중용 역시 변화를 전제로 한 균형이며 조화라는 것을 잊어서는 안 된다. 쥐구멍에도 볕들 날이 있다는 희망은 이와 같이 변화의 상황에서만 가능한 꿈이라고 할 수 있다.

요즘 서구에서 일고 있는 '제3의 길'이란 것은 평등과 자유가 이항 대립으로 치닫고 있는 것을 새로운 가위의 패러다임으로 바꾸려는 시도라고 풀이할 수 있다. 지난 냉전 체제는 바로 정치 원리인 평등을 극단적으로 추구하는 구소련의 체제와 경제 원리인 자유를 극대화한 미국 체제의 충돌이었다고 할 수 있다. 이 '바위-보'의 대립 구조에 새로운 가위가 끼어들면서 구소련은 붕괴하고 자본주의는 승리라기보다 새로운 패러다임의 전환점에 서 있게 된 것이다. 새 천년의 21세기는 새로운 게임, 즉 가위바위보의 게임으로 상징된다고도 볼 수 있다. 화식과 생식의 요리 모델밖에 모르는 서구 문화에 화식(火食)도 생식(生食)도 아닌 발효식의 한국 김치가 들어가게 되면 바로 그러한 가위 문화가 생겨나게 되는 것이다.

역사학자 홉스봄의 지적대로 20세기는 극단의 시대였다. 이런 대립적인 상황이 열전이나 냉전으로 나타나 1억 8천만 명의 전사자를 낳는 비극을 만들었다. 전쟁만이 아니라 정신과 물질의 양극화로 환경은 파괴되고 세대의 갈등과 양성의 대립은 가족의 붕괴, 윤리의 붕괴를 일으키고 있다. 원래 예술과 기술은 같은 것이었으나 그것이 양극화되어 이상과 현실의 간극처럼 되고 인간 생활의 균형을 깨뜨리고 말았다. 이런 위기에서 벗어나기 위해 우리는 주먹과 보자기의 대립을 조화시키고 융합하는 방법을 찾아야 할 것이다.

① 예술과 기술의 조화를 이룬 발선을 이루어야 한다.

② 미래의 사회는 자유와 평등을 함께 구현하여야 한다.

③ 동양 문화의 장점을 살려 새로운 문화를 창조해야 한다.

④ 이분법적인 사고에서 벗어나 새로운 발상을 하여야 한다.

⑤ 냉전 시대의 해체로 화합과 조화의 자세가 요구되고 있다.

✔ 해설 ④ 이분법적인 사고를 바탕으로 한 이항 대립의 한계(서구 문화)를 극복하고, 새로운 패러다임(중간항의 존재)으로 전환해야 한다는 논지를 전개하고 있다.

11 다음 글을 읽고 알 수 있는 내용은?

> 희극의 발생 조건에 대하여 베르그송은 집단, 지성, 한 개인의 존재 등을 꼽았다. 즉 집단으로 모인 사람들이 자신들의 감성을 침묵하게 하고 지성만을 행사하는 가운데 그들 중 한 개인에게 그들의 모든 주의가 집중되도록 할 때 희극이 발생한다고 보았다. 그러나 그가 말하는 세 가지 사항은 웃음을 유발하는 것이 아니라 그러한 것을 가능케 하는 조건들이다. 웃음을 유발하는 단순한 형태의 직접적인 장치는 대상의 신체적인 결함이나 성격적인 결함을 들 수 있다. 관객은 이러한 결함을 지닌 인물을 통하여 스스로 자기 우월성을 인식하고 즐거워질 수 있게 된다. 이와 관련해 "한 인물이 우리에게 희극적으로 보이는 것은 우리 자신과 비교해서 그 인물이 육체의 활동에는 많은 힘을 소비하면서 정신의 활동에는 힘을 쓰지 않는 경우이다. 어느 경우에나 우리의 웃음이 그 인물에 대하여 우리가 지니는 기분 좋은 우월감을 나타내는 것임은 부정할 수 없다."라는 프로이트의 말은 시사적이다.

① 등장인물의 결함에 대한 우월감이 희극을 만든다.
② 등장인물에 대한 공감이 희극을 만든다.
③ 베르그송은 우월감이 희극을 만든다고 했다.
④ 관객의 감성이 집단적으로 표현되어야 희극이다.
⑤ 등장인물의 우월성이 돋보여야 관객도 우월감을 느낀다.

> ✔해설 제시된 지문에서 웃음을 유발하는 직접적인 장치는 등장인물의 신체적, 성격적 결함을 보고 관객이 상대적으로 자기 우월성을 인식할 때 즐거워진다고 밝히고 있다.
> ② 등장인물의 대한 공감보다 상대적 우월감을 느껴야 희극이 된다.
> ③ 우월감이 희극을 만든다고 한 인물은 프로이트 이다.
> ④ 베르그송은 집단이 자신들의 감성을 침묵하게 하고 지성을 행사해야 희극이 발생한다고 말했다.
> ⑤ 등장인물이 관객에 비해 상대적으로 열등해야 관객은 우월감을 느낀다.

12 다음 중 보기가 들어갈 위치로 올바른 것은?

> (가) 부자가 되어야 행복해진다고 생각하는 사람은 스스로 부자라고 만족할 때 까지는 행복해지지 못한다. (나) 자기보다 더 큰 부자가 있다고 생각될 때는 여전히 불만과 불행에 사로잡히기 때문이다. (다) 하지만 최소한의 경제적 여건에 자족하면서 정신적 창조와 인격적 성장을 꾀하는 사람은 얼마든지 차원 높은 행복을 누릴 수 있다. (라) 왜냐하면 소유에서 오는 행복은 낮은 차원의 것이지만 성장과 창조적 활동에서 얻는 행복은 비교할 수 없이 고상한 것이기 때문이다. (마)

> 〈보기〉
> 그러나 사람들은 소유에서 오는 행복은 소중히 여기면서 정신적 창조와 인격적 성장에서 오는 행복은 모르고 사는 경우가 많다.

① (가)   ② (나)
③ (다)   ④ (라)
⑤ (마)

✔**해설** 역접 접속사 '그러나'가 있기 때문에 앞 내용은 정신적 창조와 인격적 성장에서 오는 행복에 대한 내용이 와야 한다. 그러나 (라)는 (다) 문장의 근거가 되는 내용이므로 적절한 위치는 (마) 이다.

13 다음 제시된 문장을 순서에 맞게 배열한 것은?

> (개) 한편 평안도 및 전라도와 경상도의 일부에서는 'ㅗ'와 'ㅓ'를 제대로 분별해서 발음하지 않는 경우가 종종 있다.
>
> (내) 이처럼 우리말에는 지역에 따라 구별되지 않는 소리가 있다.
>
> (대) 경상 지역 방언을 쓰는 사람들은 대체로 'ㅓ'와 'ㅡ'를 구별하지 못한다.
>
> (래) 이들은 '증표(證票)'나 '정표(情表)'를 구별하여 듣지 못할 뿐만 아니라 구별하여 발음하지 못하기 십상이다.
>
> (매) 또 이들은 'ㅅ'과 'ㅆ'을 구별하지 못하는 경우가 많다. 따라서 이들은 '살밥을 많이 먹어서 쌀이 많이 쪘다.'고 말하든 '쌀밥을 많이 먹어서 살이 많이 쪘다'고 말하든 쉽게 그 차이를 알지 못한다.

① (개)(내)(대)(래)(매)　　　　② (내)(대)(개)(매)(래)

③ (대)(래)(매)(개)(내)　　　　④ (래)(대)(개)(내)(매)

⑤ (매)(대)(래)(개)(내)

> ✔ 해설　(대) : 경상 지역 방언은 'ㅓ'와 'ㅡ'를 구별하지 못함
> (래) : 'ㅓ'와 'ㅡ'를 구별하지 못하는 예시
> (매) : 경상 지역 방언은 또한 'ㅅ'과 'ㅆ'을 구별하지 못함
> (개) : 다른 지역의 구별되지 않는 소리
> (내) : 결론

14 제시된 빈칸에 들어갈 내용으로 옳은 것은?

> 　고전파 음악은 어떤 음악인가? 서양 음악의 뿌리는 종교음악에서 비롯되었다. 바로크 시대까지는 음악이 종교에 예속되어 있었으며, 음악가들 또한 종교에 예속되어 있었다. 고전파는 이렇게 종교에 예속되었던 음악을, 음악을 위한 음악으로 정립하려는 예술운동에서 출발하였다. 따라서 종래의 신을 위한 음악에서 탈피해 형식과 내용의 일체화를 꾀하고 균형 잡인 절대 음악을 추구하였다. 즉 _____.

① 서양음악을 대표하게 되었다.

② 하이든, 모차르트, 베토벤 등 음악의 역사에서 가장 위대한 작곡가들이 배출되기도 하였다.

③ 성악 없이 악기만으로도 음악이 가능하게 되었다.

④ '신'보다는 '사람'을 위한 음악, '음악'을 위한 음악을 이루어 나가겠다는 결의를 보여준 것이다.

⑤ 교향곡의 기본을 이루는 소나타 형식이 완성되었다.

> ✔해설 제시된 지문은 서양음악의 뿌리가 종교음악 이었으나, 고전파 이후로는 음악을 하나의 예술로서 인식하게 되었다고 말하고 있다. 따라서 전의 문맥을 설명하거나 예시를 들어주는 ④번이 정답이다.

15 제시된 글을 읽고 알 수 없는 것은?

> 믿기 어렵겠지만 자장면 문화와 미국의 피자 문화는 닮은 점이 많다. 젊은 청년들이 오토바이를 타고 배달한다는 점에서 참으로 닮은꼴이다. 이사한다고 짐을 내려놓게 되면 주방기구들이 부족하게 되고 이때 자장면은 참으로 편리한 해결책이다. 미국에서의 피자도 마찬가지다. 갑자기 아이들의 친구들이 많이 몰려왔을 때 피자는 참으로 편리한 음식이다.
>
> 싸게 먹을 수 있는 이국음식이란 점에서 자장면과 피자는 특별한 의미를 갖는다. 외식을 하기엔 부담되고 한번쯤 식단을 바꾸어 보고 싶을 즈음이면 중국식 자장면이나 이탈리아식 피자는 한국이나 미국의 서민에겐 안성맞춤이다.

① 자장면 문화와 피자 문화는 서로 닮아있다.

② 우리나라의 자장면 문화처럼 미국에서도 이사 후에 피자를 시켜 먹는다.

③ 자장면 피자 둘 다 싸게 먹을 수 있는 이국음식이다.

④ 미국에서 피자는 자장면처럼 오토바이로 배달을 해 준다.

⑤ 우리나라에서 자장면이나, 미국에서의 피자는 서민에게 친숙한 음식이다.

> ✔해설 우리나라의 자장면 문화나 미국에서의 피자 문화는 닮은 점이 많지만, 제시된 지문에서 미국에서 이사 후 피자를 시켜 먹는 문화가 있다고는 설명하지 않는다.

Answer 13.③ 14.④ 15.②

효(孝)가 개인과 가족, 곧 일차적인 인간관계에서 일어나는 행위를 규정한 것 이라면, 충(忠)은 가족이 아닌 사람들과의 관계, 곧 이차적인 인간관계에서 일어나는 사회적 행위를 규정한 것이었다. ㉠_____ 언제부터인가 우리는 효를 순응적 가치관을 주입하는 봉건 가부장제 사회의 유습이라고 오해하는가 하면, 충과 효를 동일시하는 오류를 저지르는 경향이 많아졌다. 다음을 보자.

"부모에게 효도하고 형제를 사랑하는 사람은 윗사람의 명령을 거역하는 경우가 드물다. 또 윗사람의 명령을 어기지 않는 사람은 난동을 일으키는 경우도 드물다. 군자는 근본에 힘쓴다. 근본이 확립되면 도가 생기기 때문이다. 효도와 우애는 인(仁)의 근본이다."

위 구절에 담긴 입장을 기준으로 보면 효는 윗사람에 대한 절대 복종으로 연결된다. 곧 종족 윤리의 기본이 되는 연장자에 대한 예우는 물론이고 신분 사회의 엄격한 상하관계까지 포괄적으로 인정하는 것이다. 하지만 이 구절만을 근거로 효를 복종의 윤리라고 보는 것은 성급한 판단이다. 왜냐하면 원래부터 효란 가족 윤리 또는 종족 윤리로서 사회윤리였던 충보다 우선시되었을 뿐만 아니라, 유교의 기본입장은 설사 부모의 명령이라 하더라도 옳고 그름을 가리지 않는 맹목적인 복종은 그 자체가 불효라고 보았기 때문이다. 유교에서는 부모와 자식의 관계가 자연에 의해서 결정된다고 한다. 이 때문에 부모와 자식의 관계는 인위적으로 끊을 수 없다고 본다. 이에 비해 임금과 신하의 관계는 공동의 목표를 위한 관계로서 의리에 의해서 맺어진 관계로 본다. 의리가 맞지 않는다면 언제라도 끊을 수 있다고 생각하는 것이다.

16 위 글에서 궁극적으로 말하고자 하는 바는?

① '효'는 신분 사회의 엄격한 상하관계의 산물이다.

② '충'과 '효'는 같은 것이다.

③ '효'는 순응적 가치관을 주입하는 것이다.

④ '효'는 복종의 윤리이다.

⑤ '효'는 윗사람에 대한 맹목적인 복종이 아니다.

> ✔해설 위 글의 내용은 '효'와 '충'의 다른 점을 설명하면서 현대인이 '효'를 '충'과 동일시 하는 오류를 범하고 있음을 지적하고 있다. '효'는 '충'과 다르게 윗사람에게 맹목적으로 복종하지 않는 것이 유교적 윤리라고 설명하고 있다.

17 ㉠에 들어갈 단어로 적절한 것은?

① 또한   ② 그러나

③ 아니면   ④ 그래서

⑤ 즉

18 다음 글의 내용과 일치하는 것은?

> 동양의 음식 중에는 특별한 의미가 담긴 것들이 있다. 우리나라 대표적인 명절 음식 중 하나인 송편은 반달의 모습을 본뜬 음식으로 풍년과 발전을 상징한다. 「삼국사기」에 따르면, 백제 의자왕 때 궁궐 땅속에서 파낸 거북이 등에 쓰여 있는 '백제는 만월(滿月) 신라는 반달' 이라는 글귀를 두고 점술사가 백제는 만월이라서 다음 날부터 쇠퇴하고 신라는 앞으로 크게 발전할 징표라고 해석했다고 한다. 결과적으로 점술가의 예언이 적중했다. 이때부터 반달은 더 나은 미래를 기원하는 뜻으로 쓰이며, 그러한 뜻을 담아 송편도 반달 모양의 떡으로 빚었다고 한다.
>
> 중국에서는 반달이 아닌 보름달 모양의 월병을 빚어 즐겨 먹었다. 옛날에 월병은 송편과 마찬가지로 제수 용품이었다. 점차 제례 음식으로서 위상을 잃었지만 모든 가족이 모여 보름달을 바라보면서 함께 나눠 먹는 음식으로 자리 잡았다. 이 때문에 보름달 모양의 월병은 둥근 원탁에 온가족이 모인 것을 상징한다. 한국에서 지역의 단합을 위해 수천 명분의 비빔밥을 만들 듯이 중국에서는 수천 명이 먹을 수 있는 월병을 만들 정도로 의미 있는 음식으로 대접 받고 있다.

① 「삼국사기」에 따르면 점술가의 예언 덕분에 신라가 크게 발전 할 수 있었다.

② 중국의 월병은 한국에서 비빔밥을 만들어 먹는 것을 본떠 만든 음식이다.

③ 중국의 월병은 제수 음식으로서의 명맥을 유지하고 있다.

④ 우리나라뿐만 아니라 중국에서도 반달은 풍년과 발전을 상징한다.

⑤ 신라인들은 더 나은 미래를 기원하는 마음을 담아 송편을 빚었다.

19 다음 글의 내용으로 추론할 수 없는 것은?

기업의 규모가 점차 커지고 경영 활동이 복잡해지면서 전문적인 경영 능력을 갖춘 경영자가 필요하게 되었다. 이에 따라 소유와 경영이 분리되어 경영의 효율성이 높아졌지만, 동시에 기업이 단기 이익과 장기 이익 사이에서 갈등을 겪게 되는 일도 발생하였다. 주주의 대리인으로 경영을 위임받은 전문 경영인은 기업의 장기적 전망보다 단기 이익에 치중하여 경영 능력을 과시하려는 경향이 있기 때문이다. 주주는 경영자의 이러한 비효율적 경영 활동을 감시함으로써 자신의 이익은 물론 기업의 장기 이익을 극대화하고자 하였다.

오늘날의 기업은 경제적 이익뿐 아니라 사회적 이익도 포함된 다원적인 목적을 추구하는 것이 일반적이다. 현대 사회가 어떠한 집단도 독점적 권력을 행사할 수 없는 다원(多元) 사회로 변화하였기 때문이다. 이는 많은 이해 집단이 기업에게 상당한 압력을 행사하기 시작했다는 것을 의미한다. 기업이 이러한 다원 사회의 구성원이 되어 장기적으로 생존하기 위해서는, 주주의 이익을 극대화하는 것은 물론 다양한 이해 집단들의 요구도 모두 만족시켜야 한다. 그래야만 기업의 장기 이익이 보장되기 때문이다.

① 전문경영인과 주주의 이익은 항상 일치하는 것이 아니다.
② 현대 사회에서 많은 이익 집단은 기업에 영향력을 미친다.
③ 기업의 거대화와 복잡화가 진행되면서 소유와 경영이 분리되는 경우가 등장하였다.
④ 기업의 장기적인 이익을 위해 전문 경영인은 독점적 권력을 가져야 한다.
⑤ 다양한 이해집단의 요구를 수용하는 것은 현대 기업의 특성이다.

✔해설 ④ 기업의 장기적인 이익을 위해서는 다원 사회의 구성원으로 다른 집단과 공존해야 한다.

20 동양 연극과 서양 연극의 차이점에 관한 글을 쓰려고 한다. '관객과 무대와의 관계'라는 항목에 활용하기에 적절하지 않은 것은?

> ㉠ 서양의 관객이 공연을 예술 감상의 한 형태로 본다면, 동양의 관객은 공동체적 참여를 통하여 함께 즐기고 체험한다.
>
> ㉡ 동양 연극은 춤과 노래와 양식화된 동작을 통해서 무대 위에서 현실을 모방하는 게 아니라, 재창조한다.
>
> ㉢ 서양 연극의 관객이 정숙한 분위기 속에서 격식을 갖추고 관극(觀劇)을 하는 데 비하여, 동양 연극의 관객은 매우 자유분방한 분위기 속에서 관극한다.
>
> ㉣ 서양 연극은 지적인 이론이나 세련된 대사로 이해되는 텍스트 중심의 연극이라면, 동양 연극은 노래와 춤과 언어가 삼위일체가 되는 형식을 지닌다.
>
> ㉤ 서양 연극과는 달리, 동양 연극은 공연이 시작되는 순간부터 관객이 신명나게 참여하고, 공연이 끝난 후의 뒤풀이에도 관객, 연기자 모두 하나가 되어 춤판을 벌이는 것이 특징이다.

① ㉠㉡
② ㉡㉣
③ ㉡㉢㉤
④ ㉣㉤
⑤ ㉠㉡㉢㉣

✔해설 '관객과 무대와의 관계'에서의 동서양 연극의 차이점을 드러내는 내용을 찾으면, ㉠, ㉢, ㉤이다. ㉡에는 동양 연극만 드러나 있고, ㉣에는 관객과 무대와의 관계에 관한 내용이 나타나 있지 않으므로, ㉡과 ㉣은 자료로 활용하기에 적절하지 않다.

21 아래는 어느 연설문의 서론이다. 다음 중 이 연설문의 결론 부분에 해당될 수 있는 것은?

> 미용사는 처음에는 저의 왼쪽 머리를 마구 자르기 시작하더니, 염색과 퍼머까지도 전혀 마음에 들지 않게 하였습니다. 제 머리모양은 완전히 망가지고 말았습니다. 그런데 이러한 과정을 처음부터 끝까지 지켜보았던 저 자신은 막상 아무 말도 하지 못했던 것입니다. 제 자신의 머리였지만, 아무런 말도 꺼내지 못했던 것입니다. …… (이하 생략)

① 정치 공방만을 일삼는 국회의원들은 각성해야 합니다.
② 대화와 상생의 정치를 구현해 나갑시다.
③ 국민 여러분, 올바른 주인의식으로 한 표를 사용하십시오.
④ 긍정적인 사고로 자신의 일을 사랑하도록 합시다.
⑤ 노동조합을 결성하여 우리 모두가 나서야 할 때입니다.

✔해설 자신의 일과 관련해서 아무런 말도 꺼내지 못했음을 예시로 들었다. 따라서 올바른 주인의식으로 한 표를 사용하라는 ③이 적절하다.

22 다음 글의 제목 또는 주제로 적절한 것을 고르면?

> 우아함이 지나치면 고독을 면치 못하고 소박함이 지나치면 생활에 활기가 떨어진다. 활기란 흥이 있는 곳에서 나오는데, 흥이란 없는 것은 있는 척할 때 더 난다. 겸손이 지나치면 비굴이 되고, 긍지가 지나치면 교만이 된다. 겸손이란 여유 있는 것이어야 하고, 긍지는 남이 매겨 주는 가치라야 한다. 엄격한 예의는 방색(防塞)같은 것이나 우정이 오가지 않고 소탈함이 지나치면 대면하는 사람의 심정을 예민하게 파악하지 못하여 폐가 되는 경우도 있다. 욕심이 많으면 만족하는 일이 없고, 욕심이 너무 없으면 이름이 적다. 민족의 덕을 익히지 않으면 계급이 아무리 높아도 불만이요, 그래서 권력자는 폭군이 되고 폭군은 이웃까지 지배하려 한다.

① 삶의 요령   ② 편안한 삶을 위한 방법
③ 추구해야 하는 삶   ④ 지나침의 경계
⑤ 안빈낙도(安貧樂道)의 삶

✔해설 무엇이든 지나치면 좋지 않다는 것을 강조하고 있는 글이다. 따라서 주제는 ④가 된다.

23 다음 글은 어떤 글을 쓰기 위한 서두 부분이다. 다음에 이어질 글을 추론하여 제목을 고르면?

> 우주선 안을 둥둥 떠다니는 우주비행사의 모습은 동화 속의 환상처럼 보는 이를 즐겁게 한다. 그러나 위아래 개념도 없고 무게도 느낄 수 없는 우주공간에서 실제 활동하는 것은 결코 쉬운 일이 아니다. 때문에 우주비행사들은 여행을 떠나기 전에 지상기지에서 미세중력(무중력)에 대한 충분한 훈련을 받는다. 그러면 무중력 훈련은 어떤 방법으로 하는 것일까?

① 무중력의 신비
② 우주선의 신비
③ 우주선과 무중력
④ 비행사의 무중력 훈련
⑤ 우주비행사의 자격 조건

> ✔ 해설 마지막 문장을 통해 무중력 훈련이 어떻게 이루어지는가에 대한 내용이 올 것이라는 것을 추론할 수 있다. 따라서 글의 제목은 '비행사의 무중력 훈련'이 된다.

24 다음 글의 요지를 가장 잘 정리한 것은?

> 신문에 실려 있는 사진은 기사의 사실성을 더해 주는 보조 수단으로 활용된다. 어떤 사실을 사진 없이 글로만 전할 때와 사진을 곁들여 전하는 경우에 독자에 대한 기사의 설득력에는 큰 차이가 있다. 이 경우 사진은 분명 좋은 의미에서의 영향력을 발휘한 경우에 해당할 것이다. 그러나 사진은 대상을 찍기 이전과 이후에 대해서 알려 주지 않는다. 어떤 과정을 거쳐 그 사진이 있게 됐는지, 그 사진 속에 어떤 속사정이 숨어 있는지에 대해서도 침묵한다. 분명히 한 장의 사진에는 어떤 인과 관계가 있음에도 그것에 관해 자세히 설명해 주지 못한다. 이러한 서술성의 부족으로 인해 사진은 사람을 속이는 증거로 쓰이는 경우도 있다. 사기꾼들이 권력자나 얼굴이 잘 알려진 사람과 함께 사진을 찍어서, 자신이 그 사람과 특별한 관계가 있는 것처럼 보이게 하는 경우가 그 예이다.

① 사진은 신문 기사의 사실성을 강화시켜 주며 어떤 사실의 객관적 증거로도 쓰인다.
② 사진은 사실성의 강화라는 장점을 지니지만 서술성의 부족이라는 단점도 지닌다.
③ 사진은 신문 기사의 사실성을 더해 주는 보조 수단으로서의 영향력이 상당하다.
④ 사진은 사실성이 높기 때문에 사람을 속이는 증거로 잘못 쓰이는 경우가 있다.
⑤ 사진은 서술성이 부족하기 때문에 사기꾼들에 의해 악용되는 경우가 많다.

✔해설 앞에서는 사진의 장점으로 '사실성의 강화'를 들고 있고, 뒤에서는 그 단점으로 '서술성의 부족'을 지적하고 있다. 따라서 ②가 중심 내용들을 바르게 파악하고 요약한 것에 해당한다.

25 ©이 ⊙의 예시 문장이 되도록 ©을 가장 바르게 고쳐 쓴 것은?

> 20억 년 전에는 1% 정도였다고 추정되는 대기 중의 산소량이 어느 때쯤 현재에 가까운 양까지 증가되었는지 확실한 증거는 없다. 그러나 지질 연대에서 말하는 캄브리아기 이후에 생물 화석이 많이 발견되는 사실로 보아 늦어도 6억 년 전에는 상당량의 산소가 대기 중에 축적되었다고 추정된다. 산소의 축적은 산소 출현 전에 번식했던 많은 미생물에게는 생존 그 자체를 좌우하는 큰 변화였다. ⊙ 우리들에게 일산화탄소가 치명적이듯이 산소는 많은 미생물에게 유독하기 때문에 이들을 멸종시키기도 하고 산소가 적은 깊은 바다 밑으로 생존 장소를 옮기게도 했다. © 바다 밑 진흙 속은 산소의 독성으로부터 안전한 곳이어서 메탄 생산균과 같은 원시 미생물들이 많이 산다.

① 바다 밑 진흙 속은 산소가 적고 양분이 많아 메탄 생산균과 같은 원시 미생물이 생존하기에 가장 적합한 장소이다.

② 원시 미생물인 메탄 생산균은 바다 밑 진흙 속으로 생존 장소를 옮겨 산소의 독성을 피함으로써 오늘날까지 살아남게 되었다.

③ 캄브리아기는 메탄 생산균과 같은 원시 미생물이 산소의 독성을 피해 바다 밑 진흙 속으로 생존 장소를 옮긴 시기이다.

④ 산소는 안전한 바다 밑 진흙 속으로 생존의 장소를 옮긴 메탄 생산균을 제외한 대부분의 원시 미생물을 멸종시킬 만큼 그 독성이 강하다.

⑤ 바다 밑 진흙은 물과 진흙이 산소의 유입을 이중으로 차단해서 메탄 생산균과 같은 원시 미생물을 산소의 독성으로부터 안전하게 지켜 주었다.

> ✔해설 ©이 ⊙의 예시가 되기 위해서는 ©이 산소의 독성으로 말미암아 멸종한 미생물에 관한 것이거나 산소가 적은 바다 밑으로 생존 장소를 옮겨 생존하게 된 미생물에 관한 내용이어야 한다.

26 다음 글에 대한 비판으로 가장 타당한 것은?

> 우리 인간의 삶에 있어서 건강한 몸과 신체의 완전성은 행복의 첫째 조건이 된다고 볼 수 있다. 그러나 신체의 조건이 완전하지 못한 사람이라 할지라도, 자기의 신체적 조건에 알맞은 삶의 길을 열어 나가는 가운데에서 행복한 삶을 누릴 수 있으며, 일생 동안 지병(持病)을 앓으면서도 늘 절제(節制)하는 생활을 하고, 의지로써 어려움을 이겨 내면서, 인류사에 빛나는 업적을 남길 수도 있다. 실제로 우리 주변에서, 또는 지난날의 역사 속에서 그런 인물들을 찾아 볼 수 있다.
>
> 이런 사람들은 신체적으로 건강한 사람들보다 더 진한 감동을 주곤 한다.

① 부분과 전체가 일관성이 없다.
② 비문법적인 표현이 들어 있다.
③ 주제가 명료하게 제시되지 않았다.
④ 보편적인 통념에 어긋나는 내용이다.
⑤ 구체적인 내용의 뒷받침이 부족하다.

✔ 해설 　신체적 조건이 완전하지 못한 사람이 행복한 삶을 누릴 수 있다는 주장에 대해 막연히 우리 주변에서, 역사 속에서 그런 인물을 찾을 수 있다고 했다.

27 글의 통일성에 어긋나는 문장은?

㉠ 어떠한 미모도 화장을 잘못하거나, 그것을 게을리하면 그 아름다움은 거세된다. ㉡ 화장은 부족의 보충이요, 무질서한 것의 통일이기 때문에, 불완전한 자연적인 미를 완전히 창작적인 미로 개변시킨다. 잠자는 사람의 얼굴이 아름답지 못한 것은 방심에서 오는 의지의 불통이기 때문이다. ㉢ 화장에 의해서 미모가 더 한층 확실해질 수 있다는 것은, 미모는 자연적 현상이기보다는 의지적 형상임을 말하는 것이다. 아무리 못난 얼굴도 화장에 의해서 어느 정도 예뻐질 수 있다는 것은, 아무리 불미한 정신의 소유자라도 의지의 힘으로 그것을 고칠 수 있다는 것과 마찬가지이다. ㉣ 한 인간의 아름다움이란 그가 어떤 삶을 사느냐에 따라 후천적으로 결정되는 것이다. ㉤ 그러므로 미모는 하나의 신의 우연한 은총이기보다는 오히려 그 자신의 창조적인 노력에 의한 산물이라고 말할 수 있다.

---

① ㉠
② ㉡
③ ㉢
④ ㉣
⑤ ㉤

✔ **해설** 글 전체의 내용은 미모는 후천적 노력에 의해 이루어진다는 것인데 ㉣은 삶의 방향성에 따라 인간의 아름다움이 결정된다는 말이다.

28 다음 글을 바탕으로 하여 빈칸을 쓰되 예시를 사용하여 구체적으로 진술하고자 할 때, 가장 적절한 것은?

> 사람들은 경쟁을 통해서 서로의 기술이나 재능을 최대한 발휘할 수 있는 기회를 갖게 된다. 즉, 개인이나 집단이 남보다 먼저 목표를 성취하려면 가장 효과적으로 목표에 접근하여야 하며 그러한 경로를 통해 경제적으로나 시간적으로 가장 효율적으로 목표를 성취한다면 사회 전체로 볼 때 이익이 된다. 그러나 이러한 경쟁에 전제되어야 할 것은 많은 사람들의 합의로 정해진 경쟁의 규칙을 반드시 지켜야 한다는 것이다. 즉, _____

① 규칙을 어겨 가며 목표를 성취하려는 자들이 있을 때에는 경쟁의 이점을 살릴 수 없기 때문에 경쟁은 지양되어야 한다.

② 21세기의 무한 경쟁 시대에 우리가 살아남기 위해서는 기초 과학 분야에 대한 육성 노력이 더욱 필요한 것이다.

③ 지구, 금성, 목성 등의 행성들이 태양을 중심으로 공전하는 것처럼 경쟁도 하나의 목표를 향하여 질서 있는 정진(精進)이 필요한 것이다.

④ 가수는 가창력이 있어야 하고, 배우는 연기에 대한 재능이 있어야 하듯이 경쟁은 자신의 적성과 소질을 항상 염두에 두고 이루어져야 한다.

⑤ 농구나 축구, 마라톤과 같은 운동 경기에서 규칙과 스포츠맨십이 지켜져야 하는 것처럼 경쟁도 합법적이고 도덕적인 방법으로 이루어져야 하는 것이다.

> ✔ **해설** 경쟁은 둘 이상의 사람이 하나의 목표를 향해서 다른 사람보다 노력하는 것이며, 이 때 경쟁의 전제가 되는 것은 합의에 의한 경쟁 규칙을 반드시 지켜야 한다는 점이므로 빈칸에는 '경쟁에 정해진 규칙을 꼭 지키는 가운데서 이루어져야 한다'는 내용이 올 수 있을 것이다. 농구나 축구, 그리고 마라톤 등의 운동 경기는 자신의 소속 팀을 위해서 또는 자기 자신을 위해서 다른 팀이나 타인과 경쟁하는 것이며, 스포츠맨십은 규칙의 준수와 관련이 있으므로 글에서 말하는 경쟁의 한 예로 적합하다.

29 다음 중 ⊙ ~ ⊕에 들어갈 접속사로 저절하지 않은 것은?

> 교과서의 내용을 잘 이해하기 위해서는 다음과 같은 단계를 거쳐서 공부를 하는 것이 좋다. (⊙) 교과서의 대체적인 내용을 파악하기 위해 전체의 내용을 대강 훑어보도록 한다. (ⓛ) 교과서를 정독하면서 핵심적인 내용을 요약·정리하는 것이 좋다. (ⓒ) 잘 이해가 되지 않는 것이나 의심이 가는 내용에 대해서는 간단하게 메모를 하는 것이 좋다. (ⓔ) 수업 시간의 토론이나 시험에 대비하여 스스로 자기 진단을 해 보는 것도 좋은 방법이라고 할 수 있다. (⊕) 충분히 이해가 되지 않았거나 불확실하게 알고 있는 부분이 있다면 노트에 정리한 내용을 반복해서 검토하고 숙지해 두는 것이 바람직하다.

① ⊙ – 우선
② ⓛ – 그리고 나서는
③ ⓒ – 그렇지만
④ ⓔ – 또
⑤ ⊕ – 만일

✔해설 주어진 글은 교과서의 내용을 잘 이해하기 위한 효과적인 방법을 단계적으로 설명하고 있는 글이다. 이를 위해서 ⊙ (우선) 전체의 내용을 대강 훑어보고, ⓛ (그리고 나서는) 정독한 후 내용을 요약, 정리하는 것이 좋다. ⓒ (그래도) 잘 이해가 되지 않으면 간단히 메모를 하거나, ⓔ (또) 스스로 자기 진단을 하는 것이 좋다. ⊕ (만일) 아직도 이해가 되지 않는다면 정리한 내용을 반복해서 검토하고 숙지해야 한다.

30 다음 중 ( ) 안에 들어갈 말로 적절한 것은?

> 일반적으로 효소가 작용하는 물질을 기질이라 하는데, 하나의 기질에는 그것에만 반응하는 특이한 효소가 정해져 있어 동화·이화 작용을 하게 된다. 기질과 효소 사이의 이러한 관계는 흔히 ( )로 비유되는데, 이는 기질 작용 부위의 구조와 효소의 구조가 서로 맞아야만 반응이 일어나기 때문이다. 효소는 한 물질에만 반응하는 기질 특이성 이외에 농도, pH, 온도에 따라 다르게 반응을 하며, 효소의 종류에 따라 최적 조건도 다르다.

① 책상과 의자
② 자물쇠와 열쇠
③ 화물차와 승용차
④ 컴퓨터와 프린트기
⑤ 가정용 전화와 휴대용 전화

✔해설 ( ) 뒤에 나오는 '기질 작용 부위의 구조와 효소의 구조가 서로 맞아야만 반응이 일어나기 때문이다.' 라는 말로 볼 때, 서로의 구조가 맞는 것은 '자물쇠와 열쇠'의 관계이다.

Answer 28.⑤ 29.③ 30.②

31 다음 글의 주된 내용 전개 방법과 가장 유사한 것은?

> 앞으로는 모든 세계와 연결된 인터넷을 통해 각 나라의 박물관과 도서관을 구경하고, 인터넷 세계 엑스포에서 구축(構築)한 센트럴파크를 산책(散策)하며, 칸느 영화제나 재즈 콘서트, 각국의 민속 공연을 관람할 수 있을 것이다. 올해는 '정보 엑스포'가 개최되며, 전 세계에 흩어져 있는 전시관을 언제든지 관람할 수 있도록 24시간 개방된 전시회가 열리고 있다. 따라서 서울 센트럴파크에 들어가면 다양한 멀티미디어 서비스의 세계로 안내를 받을 수 있으며 연구원이나 학생뿐만 아니라 주부나 일반인들도 이러한 광속 여행을 통해 일상의 스트레스를 해소할 수 있고, 지구촌이 자기의 손가락 끝에 있음을 인식할 수 있을 것이다.

① 사회 문제란 사회 구성원의 대다수가 문제로 여기는 객관적인 사회 상황이다.

② 오늘 신문에도 예외 없이 끔찍한 사건들이 올라와 있다. 비행기 테러, 인질극, 분신 자살 ······.

③ 현대 산업 사회는 물질만능주의를 만들어 냈고, 그 결과 문명 경시와 인간 소외의 사회를 만들게 되었다.

④ 유인원의 집단 생활은 창조적인 인간의 가족 생활과 유사한 점이 많다. 그러나 그것은 다만 본능에 따른 것이므로 창조적인 인간의 그것과는 구별된다.

⑤ 오늘날처럼 모든 것이 급속하게 발전되어 가는 사회 속에 살면서 묵은 전통 사회에만 집착하는 것은 현대 문명 생활을 버리고 산이나 동굴 속으로 파고드는 것과 마찬가지이다.

> ✔**해설** 문단의 주된 내용 전개 방식은 '예시'이다. ②에서도 다양한 사건들을 예로 제시하고 있다.
> ① 정의, ③ 인과, ④ 비교, 대조, ⑤ 유추

32 다음 글의 중심 화제로 적절한 것은?

전통은 물론 과거로부터 이어 온 것을 말한다. 이 전통은 대체로 그 사회 및 그 사회의 구성원인 개인의 몸에 배어 있는 것이다. 그러므로 스스로 깨닫지 못하는 사이에 전통은 우리의 현실에 작용하는 경우가 있다. 그러나 과거에서 이어 온 것을 무턱대고 모두 전통이라고 한다면, 인습이라는 것과의 구별이 서지 않을 것이다. 우리는 인습을 버려야 할 것이라고는 생각하지만, 계승해야 할 것이라고는 생각하지 않는다. 여기서 우리는, 과거에서 이어 온 것을 객관화하고, 이를 비판하는 입장에 서야 할 필요를 느끼게 된다. 그 비판을 통해서 현재의 문화 창조에 이바지할 수 있다고 생각되는 것만을 우리는 전통이라고 불러야 할 것이다. 이같이, 전통은 인습과 구별될뿐더러, 또 단순한 유물과도 구별되어야 한다. 현재의 문화를 창조하는 일과 관계가 없는 것을 우리는 문화적 전통이라고 부를 수가 없기 때문이다.

① 전통의 본질
② 인습의 종류
③ 문화 창조의 본질
④ 외래 문화 수용 자세
⑤ 인습과 유물의 차이점

> ✔해설 전통은 과거로부터 이어온 것 중 현재의 문화 창조에 이바지할 수 있는 것만을 말한다. 인습이나 유물은 현재 문화 창조에 이바지할 수 없으므로 전통과는 구별되어야 한다는 것이 글의 중심 내용이다.

(가) 백두산은 넓은 의미로 우리나라의 북부와 만주의 남동부 지역에 걸쳐 있는 산지와 고원을 통틀어 가리키기도 하고(동서 310km, 남북 200km, 총면적 약 7만km²), 좁은 의미로 백두산 주봉만을 가리키기도 한다.

그러나 일반적으로 백두산은 백두산체와 백두산 기슭까지를 포괄하는 범위를 말한다. 이렇게 볼 때, 백두산은 우리나라 함경도의 삼지연, 보천, 백암, 대홍단군과 중국 길림성의 안도, 무송, 장백조선족 자치현의 넓은 지역에 놓이게 된다. 백두산의 전체 넓이는 약 8,000km²로 전라북도의 넓이와 비슷하다.

(나) 백두산이 이루어지기까지는 만장의 세월이 흘렀다. 백두산은 수십억 년 전에 기저가 이루어지고 지대가 발육한 뒤, 지금으로부터 약 1천만 년 전부터 화산 활동으로 형성되어 왔다. 오늘날의 백두산 일대는 본래 그리 높지 않은 언덕벌이었다. 그러다가 화산 분출로 현무암이 흘러내려 방패 모양의 용암 대지가 형성되고 다시 용암이 여러 차례 분출되어 종 모양의 기본 산체가 이루어졌다. 천지도 이 무렵에 화산 마루의 윗부분이 꺼져내려 형성되었다.

(다) 백두산은 원시 시대부터 오늘날에 이르기까지 우리 겨레의 역사와 깊은 관계를 맺어 왔다. 백두산 품에서 흘러내린 두만강가에는 원시인들이 모여 살았고, 백두산의 정기를 받은 고구려와 발해 사람들은 백두산에서 씩씩함과 슬기를 배워 찬란한 문화를 창조했으며, 백두산에 대한 수많은 전설과 설화가 우리 겨레의 생활 속에 녹아들었다. 그런가 하면 백두산은 우리 겨레가 북방 오랑캐 등 외적의 침입을 받을 때마다 안타까워하기도 하고, 봉건 통치배들의 억압과 수탈을 못이겨 두만강을 건너야 했던 조선 민중들을 어루만져 주기도 했다.

(라) 나라의 조종산(祖宗山)으로 일컬어져 왔던 백두산은 근대에 들어와 의병과 독립군, 항일 전사들에게 민족 해방 투쟁의 장을 마련해 줌과 동시에 그들에게 민족 해방의 꿈을 심어 주었다.

그리하여 백두 밀림과 만주 벌판은 일제 침략자들과 맞서 싸우는 격전장이 되었다. 1930년대 후반기에 이르러 항일 전사들은 백두산 기슭의 보천보와 대홍단벌에 진출하여 일제 침략자들을 격파했고, 그 일로 백두산은 식민지 민중에게는 별과도 같은 존재였다.

(마) 오늘날 백두산은 남북으로 헤어져 사는 겨레에게 하나된 조국의 상징으로 비쳐지고 있다. 사시 장철 머리에 흰눈을 인 백두산은 통일의 비원(悲願)을 안고 남녘의 지리산까지 달음박질쳐 백두대간을 이루고 있다. 백두산과 백두대간에 대해 나날이 높아지는 관심은 백두산에 우리 겨레의 지향과 요구가 반영되어 있음을 잘 보여 준다.

33 윗글의 내용과 일치하는 것은?

① 우리 겨레는 백두산에서 많은 북방 오랑캐들을 섬멸하였다.

② 백두산에 대한 보편적인 의미는 백두산 주봉과 백두산체이다.

③ 백두 밀림과 만주 벌판은 항일 운동의 치열한 무대가 되었다.

④ 백두산은 화산 활동으로 형성된 뒤 지대가 발육하여 형성되었다.

⑤ 백두산에서 한라산까지의 백두대간은 통일의 희망을 나타내고 있다.

> ✔해설 (라)에서 '백두 밀림과 만주 벌판은 일제 침략자들과 맞서 싸우는 격전장이 되었다.'에서 ③이 정답임을 알 수 있다.

34 (가)~(마)의 중심 화제로 알맞은 것은?

① (가) : 백두산의 명칭

② (나) : 백두산의 형성 과정

③ (다) : 백두산에 얽힌 전설

④ (라) : 백두산의 전략적 가치

⑤ (마) : 백두산과 백두대간의 관계

> ✔해설 (가)는 백두산의 지리적 개관이다. (나)는 형성 과정이므로 ②가 정답이다. (다)는 근대 이전에 우리 겨레와의 관계, (라)는 근대의 우리 겨레와의 관계이며, (마)는 현대에 있어 백두산의 상징적 의미인 통일을 다루고 있다.

Answer 33.③ 34.②

35 다음 글의 내용과 일치하지 않는 것은?

사람들이 지구 환경 보호를 위해 펼쳐 온 그 동안의 여러 활동들은 기존의 환경 정책을 전혀 변화시키지 못했다. 지금 진행되고 있는 기존의 환경 보호 활동의 문제는 다음의 세 가지로 압축할 수 있는데 첫째, 현재의 방식으로는 아무런 진전도 가져올 수 없다는 것에 대한 인식이 퍼지고 있다는 것과 둘째, 그 대신 해야 할 일이 무엇인가는 대체로 명확히 알려져 있으며, 셋째, 그럼에도 불구하고 실제로는 해야 할 아무 일도 하지 않고 있다는 점이다.

왜 그러한가? 다양한 이유가 있겠지만 그 중에서도 경제적인 이해(利害)관계에 얽힌 측면이 매우 강하게 작용하고 있다는 것은 주지의 사실이다. 환경 정책과 상반되는 경제적 이해(利害)가 얽혀 있어서 '개발과 보호'의 관점이 서로 맞서고 있는 것이다. 그러나 그것이 이유일 수는 없다. 환경 문제는 '누가 어떤 이해 관계를 가지고 있는가?'의 문제가 아니라, '왜 그러한 이해 관계가 유지되게 되었는가?'에 대한 근본적인 물음에 대한 해답이 먼저 나와야 할 문제이기 때문이다.

경제 발달과 함께 우리의 생존 조건에 대한 파괴가 진행되고 있음을 부인하는 사람은 없을 것이다. 인간의 이해 관계가 얽혀 인간이 인간답게 살 수 있는 길, 즉 우리가 생명으로 복귀하는 일은 점점 더 멀어져감과 동시에 서서히 파멸에 이르는 길로 접어들고 있다.

이런 문제가 발생하게 된 근본적 요인은 인간의 자연에 대한 의식에서 비롯된다. 생명으로 복귀한다는 것은 다른 생명체들이 인간을 위해 존재하는 것이 아니라, 인간과 더불어 이 세상에 존재한다는 것을 인식한다는 것이다. 즉 각각의 생명체들이 자신만의 독특한 생활 공간을 필요로 하며, 인간 역시 이러한 다양한 생명체들 중의 하나로 자연 속에서 인간만의 독특한 생활 환경을 구성해 나가는 자연의 일부분이라는 점을 인식하는 것이다.

근대 산업사회를 거치면서 사람들은 이러한 사실을 오해하여 이 세상 전체가 인간의 생활 공간이라고 생각해왔다. 그래서 인간을 중심으로 인간의 환경만을 유일하게 존재하는 환경이라고 생각하고 그것만 보호하면 된다고 여겼다. 이런 생각 때문에 인간은 자연과의 관계에서 위기를 불러일으킨 것이다.

우리는 다른 생명체들의 환경이 갖는 개별성을 인정하지 않았기에 인간의 생활 공간 내에 그들의 생활 공간을 조금 내주었다. 자연 전체 속에서 인간 이외의 다른 생명체들의 고유한 감각과 가치를 보지 못하고 마치 그들이 우리 인간을 위해 존재해 온 것처럼 생각하고 행동해 왔다. 인간의 환경이라는 생각으로 세계가 단지 인간만을 위해 존재하는 것으로 보아 온 것이다. 그러기에 환경에 대한 개념 자체도 왜곡되었다. 지금까지의 환경 정책을 특징지어 온 이런 오류들로부터 벗어나기 위해서는 인간 세계 이외의 다른 세계 모두를 우리의 공생계(共生界)로 생각하고 이런 생각의 바탕 위에서 환경 문제를 다루지 않으면 안 된다.

① 경제 문제는 환경 문제와 밀접하게 관련되어 있다.

② 근대 산업 사회에 접어들면서 환경 파괴가 더욱 심해졌다.

③ 인간 이외의 다른 생명체들도 지구상에서 자신들의 생활 공간을 가질 권리가 있다.

④ 환경 보호를 위한 기존의 여러 활동들은 환경 정책을 변화시키는 데 크게 기여하였다.

⑤ 생명으로 복귀한다는 것은 인간과 다른 생명체들이 더불어 존재한다는 것을 인식함을 의미한다.

✔해설 인간들이 환경 문제에 대해 많은 관심을 갖고 다양한 활동을 펼쳐 왔으나 기존의 여러 활동들이 환경 정책에 아무런 변화를 주지 못했음을 제시하고 이를 문제삼고 있다. 아울러 인간들이 해야 할 일이 밝혀졌지만 실제로 행하지 않고 있음을 첫째 단락에서 지적하고 있다.

Answer 35.④

36 다음 (가)와 (나)의 논지 전개 구조를 가장 잘 설명한 것은?

(가) 사회 복지 정책이 사람들의 자유를 침해(侵害)한다는 논리 가운데 하나는, 사회 복지 정책 추진에 필요한 세금을 많이 낸 사람들이 이득을 적게 볼 경우, 그 차이만큼 불필요하게 개인의 자유를 제한한 것이 아니냐는 것이다. 일반적으로 사회 복지 정책이 제공하는 재화와 서비스는 공공재적 성격을 갖고 있어, 이를 이용하는 데 차별(差別)을 두지 않는다. 따라서, 강제적으로 낸 세금의 액수와 그 재화의 이용을 통한 이득 사이에는 차이가 존재할 수 있고, 세금을 많이 낸 사람들이 적은 이득을 보게 될 경우, 그 차이만큼 불필요하게 그 사람의 자유를 제한하였다고 볼 수 있다.

(나) 그러나 이러한 자유의 제한은 다음과 같은 측면에서 합리화될 수 있다. 사회 복지 정책을 통해 제공하는 재화는 보편성을 가지고 있기 때문에, 사회 전체를 위해 강제적으로 제공하는 것이 개인들의 자발적인 선택의 자유에 맡겨둘 때보다 그 양과 질을 높일 수 있다. 예를 들어, 각 개인들에게 민간 부문의 의료 서비스를 사용할 수 있는 자유가 주어질 때보다 모든 사람들이 보편적인 공공 의료 서비스를 받을 수 있을 때, 의료 서비스의 양과 질은 전체적으로 높아진다. 왜냐 하면, 모든 사람을 대상으로 하는 의료 서비스의 양과 질이 높아져야만 개인에게 돌아올 수 있는 서비스의 양과 질도 높아질 수 있기 때문이다. 이러한 경우 세금을 많이 낸 사람이 누릴 수 있는 소극적 자유는 줄어들지만, 사회 구성원들이 누릴 수 있는 적극적 자유의 수준은 전반적으로 높아지는 것이다.

---

① (가)에서 논의한 것을 (나)에서 사례를 들어 보완하고 있다.

② (가)에서 서로 대립되는 견해를 소개한 후, (나)에서 이를 절충하고 있다.

③ (가)에서 문제의 원인을 분석한 후, (나)에서 해결 방안을 모색하고 있다.

④ (가)에서 논의된 내용에 대해 (나)에서 반론의 근거를 마련하고 있다.

⑤ (가)에서 제기한 의문에 대해 (나)에서 새로운 관점을 내세워 해명하고 있다.

✔ 해설 (가)에서 상대방의 견해를 수용한 뒤 (나)에서 이에 대한 반론의 근거를 마련하고 있다고 정리할 수 있다.

37 다음 글에서 알 수 있는 언어의 특징은?

> 내가 어렸을 때 우리 고장에서는 시멘트를 '돌가루'라고 불렀다. 이런 말들은 자연적으로 생겨난 훌륭한 우리 고유어인 데도 불구하고 사전에도 실리지 않고 그냥 폐어(廢語)가 되어 버렸다. 지금은 고향에 가도 이런 말을 들을 수 없으니 안타깝기 그지없다. 얼마 전 고속도로의 옆길을 가리키는 말을 종전에 써 오던 일본식 용어인 '노견(路肩)'에서 '갓길'로 바꾸었다는 보도를 듣고 우리의 언어생활도 이제 바른 방향을 잡아가고 있구나 하고 생각했던 적이 있다.

① 언어는 세상을 보는 창의 역할을 한다.
② 언어는 사회를 구성하는 사람들의 약속이다.
③ 언어의 형식과 내용은 임의적으로 결합되었다.
④ 언어는 존재하지 않는 세계를 표현할 수 있다.
⑤ 언어 사용 능력은 인간만이 가지는 고유한 능력이다.

✔해설 우리말을 가꾸는 방법은 결국 언중의 동의를 전제로 하는 것이며, 이는 언어의 특성 중 사회성과 관련된다.

38 다음 중 'ⓐ : ⓑ'의 의미 관계와 가장 유사한 것은?

> 지구의 대기는 열을 흡수함으로써 지상의 생물을 보호하는 역할을 한다. 태양은 지구를 따뜻하게 할 에너지를 공급해 주고, 지구는 태양 에너지를 우주 공간으로 반사하여 되돌려 보낸다. 그런데 대기를 이루고 있는 성분 중에서 수증기나 ⓐ이산화탄소 같은 성분은 지구가 우주로 복사하는 열의 일부를 지표면으로 되돌린다. 마치 열을 가두어 농작물을 한파로부터 보호하는 온실(溫室)과도 같은 기능을 하는 것이다. 대기의 이러한 작용을 온실 효과라고 하고, 이런 효과를 유발하는 대기 중의 성분을 ⓑ온실 기체라고 한다. 생물이 살아가기에 적당한 온도를 지구가 일정하게 유지하는 것은 대기 중에 온실 기체가 있기 때문이라고 할 수 있다.

① 의자 : 책상　　　　　　　② 서점 : 책방
③ 날짐승 : 길짐승　　　　　④ 봉산탈춤 : 전통극
⑤ 소프트웨어 : 하드웨어

✔해설 '이산화탄소'는 각종 공해 물질이나 수증기와 더불어 '온실 기체'의 하위 사례를 이룬다. 그러므로 ⓐ는 ⓑ의 하위어에 해당한다. '봉산탈춤'은 '양주 별산대 놀이', '통영 오광대 놀이' 등과 더불어 '전통극'의 하위 개념에 해당한다.

39 다음 글이 독자에게 감동을 주는 이유로 가장 알맞은 것은?

워싱턴의 대추장이 우리 땅을 사고 싶다는 전갈을 보내왔다. 대추장은 우정과 선의의 말도 함께 보냈다. 그가 답례로 우리의 우의를 필요로 하지 않는다는 것을 잘 알고 있으므로 이는 그로서는 친절한 일이다. 하지만 우리는 그대들의 제안을 진지하게 고려해볼 것이다. 우리가 땅을 팔지 않으면 백인이 총을 들고 와서 우리 땅을 빼앗을 것임을 우리는 잘 알고 있다.

워싱턴 대추장이 우리 땅을 사고 싶다는 전갈을 보내온 것은 곧 우리의 거의 모든 것을 달라는 것과 같다. 대추장은 우리만 따로 편히 살 수 있도록 한 장소를 마련해 주겠다고 한다. 그는 우리의 아버지가 되고 우리는 그의 자식이 되는 것이다. 그러니 우리 땅을 사겠다는 그대들의 제안을 잘 고려해보겠지만, 우리에게 있어 이 땅은 거룩한 것이기에 그것은 쉬운 일이 아니다. 개울과 강을 흐르는 이 반짝이는 물은 그저 물이 아니라 우리 조상들의 피다. 만약 우리가 이 땅을 팔 경우에는 이 땅이 거룩한 것이라는 걸 기억해 달라.

백인은 우리의 방식을 이해하지 못한다는 것을 우리는 알고 있다. 백인에게는 땅의 한 부분이 다른 부분과 똑같다. 그는 한밤중에 와서는 필요한 것을 빼앗아 가는 이방인이기 때문이다. 땅은 그에게 형제가 아니라 적이며, 그것을 다 정복했을 때 그는 또 다른 곳으로 나아간다. 백인은 거리낌없이 아버지의 무덤을 내팽개치는가 하면 아이들에게서 땅을 빼앗고도 개의치 않는다. 아버지의 무덤과 아이들의 타고난 권리는 잊혀지고 만다. 백인은 어머니인 대지와 형제인 저 하늘을 마치 양이나 목걸이처럼 사고 약탈하고 팔 수 있는 것으로 대한다. 백인의 식욕은 땅을 삼켜 버리고 오직 사막만을 남겨놓을 것이다.

우리는 우리의 땅을 사겠다는 그대들의 제의를 고려해보겠다. 그러나 제의를 받아들일 경우 한 가지 조건이 있다. 즉 이 땅의 짐승들을 형제처럼 대해야 한다는 것이다. 나는 미개인이니 달리 생각할 길이 없다. 나는 초원에서 썩어가고 있는 수많은 물소를 본 일이 있는데 모두 달리는 기차에서 백인들이 총으로 쏘고는 그대로 내버려둔 것들이었다. 연기를 뿜어대는 철마가 우리가 오직 생존을 위해서 죽이는 물소보다 어째서 더 중요한지를 모르는 것도 우리가 미개인이기 때문인지 모른다. 짐승들이 없는 세상에서 인간이란 무엇인가? 모든 짐승이 사라져버린다면 인간은 영혼의 외로움으로 죽게 될 것이다. 짐승들에게 일어난 일은 인간들에게도 일어나기 마련이다. 만물은 서로 맺어져 있다.

백인들 또한 언젠가는 알게 되겠지만 우리가 알고 있는 한가지는 우리 모두의 하느님은 하나라는 것이다. 그대들은 땅을 소유하고 싶어하듯 하느님을 소유하고 있다고 생각하는지 모르지만 그것은 불가능한 일이다. 하느님은 인간의 하느님이며 그의 자비로움은 인디언에게나 백인에게나 꼭 같은 것이다. 이 땅은 하느님에게 소중한 것이므로 땅을 헤치는 것은 그 창조주에 대한 모욕이다. 백인들도 마찬가지로 사라져 갈 것이다. 어쩌면 다른 종족보다 더 빨리 사라질지 모른다.

그러므로 우리가 땅을 팔더라도 우리가 사랑했듯이 이 땅을 사랑해 달라. 우리가 돌본 것처럼 이 땅을 돌보아 달라. 당신들이 이 땅을 차지하게 될 때 이 땅의 기억을 지금처럼 마음속에 간직해 달라. 온 힘을 다해서, 온 마음을 다해서 그대들의 아이들을 위해 이 땅을 지키고 사랑해 달라. 하느님이 우리 모두를 사랑하듯이.

① 백인에 대한 굴욕적인 어투가 독자로부터 동정심을 얻고 있다.

② 백인의 이성에 호소하는 환경 친화적 발언이 심금을 울리고 있다.

③ 유토피아 제시를 통하여 백인의 문명을 통쾌하게 공격하고 있다.

④ 백인의 문명에 대한 일관된 비판적 자세가 독자들의 공감을 얻고 있다.

⑤ 비극적인 상황에서도 감정을 자제하는 태도가 오히려 설득력을 얻고 있다.

✔해설 이 글은 백인에게 거의 쫓겨나다시피한 입장에 있으면서도 백인들을 공격하기보다는 자신들이 사랑했던 자연에 대해 형제처럼 아끼고 사랑해 줄 것을 설득하려고 노력하는 관용의 자세를 보이고 있다.

Answer 39.⑤

40 다음 글의 주제로 알맞은 것은?

> 혈연의 정, 부부의 정, 이웃 또는 친지의 정을 따라서 서로 사랑하고 도와가며 살아가는 지혜가 곧 전통 윤리의 기본이다. 정에 바탕을 둔 윤리인 까닭에 우리나라의 전통 윤리에는 자기중심적인 일면이 있다. 정이라는 것은 자기와의 관계가 가까운 사람에 대해서는 강하게 일어나고 먼 사람에 대해서는 약하게 일어나는 것이 보통이므로, 정에 바탕을 둔 윤리가 명령하는 행위는 상대가 누구냐에 따라서 달라질 수 있다. 예컨대, 남의 아버지보다는 내 아버지를 더 위하고 남의 아들보다는 내 아들을 더 아끼는 것이 정에 바탕을 둔 윤리에 부합하는 태도이다.

① 남의 아버지보다 내 아버지를 더 위해야 한다.
② 우리나라의 전통윤리는 가족관계의 유교적인 위계질서로부터 형성되었다.
③ 우리나라의 전통윤리는 자기중심적인 면이 강하다.
④ 우리나라의 전통윤리는 정(情)에 바탕을 둔 윤리이다.
⑤ 우리나라의 전통 윤리는 자기중심적이다.

> ✔해설 우리의 전통윤리가 정(情)에 바탕으로 하고 있기 때문에 자기중심적인 면이 강하고 공과 사의 구별이 어렵다는 것을 이야기 하고 있다.

41 갑, 을, 병, 정, 무 5명이 해외연수를 받는 순서로 가능한 경우에 해당하는 것은?

> • 병과 무가 해외연수를 받는 사이에 적어도 두 사람이 해외연수를 받는다.
> • 해외연수는 다섯 달 동안 매달 진행되며, 한 달에 한 사람만 받는다.
> • 무가 5명 중에서 가장 먼저 해외연수를 받는 것은 아니다.
> • 정이 해외연수를 받은 달은 갑이 해외연수를 받은 달과 인접하지 않는다.

① 을 – 갑 – 병 – 정 – 무   ② 을 – 무 – 갑 – 정 – 병
③ 정 – 병 – 을 – 갑 – 무   ④ 정 – 을 – 갑 – 병 – 무
⑤ 갑 – 정 – 을 – 무 – 병

> ✔해설 보기에 조건을 대입하여 하나씩 제거하면 답을 금방 찾을 수 있다.
> • 병과 무가 해외연수를 받는 사이에 적어도 두 사람이 해외연수를 받는다고 하였으므로 병과 무 사이에 두 명이 존재한다.
> • 한 달에 한 사람이 받으므로 겹치지는 않는다.
> • 정과 갑은 인접해 있을 수 없으므로 최소 사이에 1명은 있어야 한다.

42 A, B, C, D 네 명의 수강생이 외국어 학원에서 영어, 일본어, 중국어, 러시아어를 수강하고 있다. 다음에 제시된 내용을 모두 고려하였을 경우 항상 거짓인 것은?

> • C는 한 과목만 수강하며, 한 명도 수강하지 않는 과목은 없다.
> • 남자는 세 명, 여자는 한 명이다.
> • 러시아어는 세 사람이 함께 수강해야 하며, 남자만 수강할 수 있다.
> • 중국어는 여자만 수강할 수 있다.
> • A는 남자이며, 일본어는 반드시 수강해야 한다.
> • 남자는 모두 두 과목을 수강한다.

① 한 과목은 남자 두 명이 수강하게 된다.

② D는 반드시 두 과목을 수강하게 된다.

③ B는 일본어와 러시아어를 함께 수강하고 있지 않다.

④ B와 D는 영어를 수강하지 않는다.

⑤ 러시아어를 수강하고 있는 여자는 없다.

✔ **해설** 제시된 내용에 따라 정리를 하면

	영어	일본어	중국어	러시아어
A	×	○	×	○
B			×	○
C	×	×	○	×
D			×	○

① 영어, 일본어 둘 중 하나는 남자 두 명이 수강하게 된다.

② D는 남자이므로 반드시 두 과목을 수강하게 된다.

③ B는 영어와 러시아어를 수강하게 되면 옳은 내용이 된다.

④ B와 D는 영어 또는 일본어를 수강하게 되므로 틀린 내용이다.

⑤ 러시아어를 수강하고 있는 사람은 모두 남자다.

43 A, B, C, D, E가 서로 거주하고 있는 집에 한 번씩 방문하려고 할 때, 세 번째로 방문하는 집은 누구의 집인가?

> • A ~ E는 각각의 집에 함께 방문하며, 동시에 여러 집을 방문할 수 없다.
> • A의 집을 방문한 후에 B의 집을 방문하나, 바로 이어서 방문하는 것은 아니다.
> • D의 집을 방문한 후에 바로 C의 집을 방문한다.
> • E의 집을 A의 집보다 먼저 방문한다.

① A   ② B

③ C   ④ D

⑤ E

✔해설   주어진 내용에 따라 정리해 보면 다음과 같음을 알 수 있다.
A집 다음에 B집을 방문하나 이어서 방문하지 않고, D집 다음에는 바로 C집을 방문한다.
그리고 E집을 A집 보다 먼저 방문하므로 'E→A→D→C→B'가 된다.

44 다음 주어진 내용을 모두 고려하였을 때 A, B, C, D, E를 몸무게가 무거운 사람부터 나열하였을 때 C는 몇 번째에 해당하는가?

> 〈A, B, C, D, E가 신체검사를 한 결과는 다음과 같다.〉
> • D는 E보다 키도 크고 몸무게도 많이 나간다.
> • A는 E보다 키는 크지만 몸무게는 적게 나간다.
> • C의 키는 E보다 작으며, A의 몸무게가 가장 적게 나가는 것은 아니다.
> • B는 A보다 몸무게가 많이 나간다.

① 첫 번째   ② 두 번째

③ 세 번째   ④ 네 번째

⑤ 다섯 번째

✔해설   제시된 내용에 따라 정리해 보면
첫 번째와 두 번째 내용에 따라 D > E > A
세 번째 내용을 보면 A가 가장 적게 나가는 것이 아니므로 A 뒤에 C가 온다.
그러므로 D > E > B > A > C가 된다.

45 갑, 을, 병이 각각 다른 회사, 서로 다른 지역에서 근무하고 있을 때, 다음 중 항상 옳은 것은?

> - 갑, 을, 병은 각각 전력회사, 무역회사, 식품회사 중 서로 다른 한 곳에서 근무하며, 근무지는 서울, 제주도, 울릉도에 위치한다.
> - 전력회사는 서울에만 근무지가 있다.
> - 갑은 과거에 식품회사에서 근무했으나 현재는 다른 곳에서 근무하고 있다.
> - 을은 지금까지 섬을 떠나 생활해 본 적이 없다.
> - 병은 풍력발전에 대해 연구하고 있다.

① 갑은 무역회사에 다니거나 근무지가 서울이다.
② 을은 식품회사에 다니고 있지 않거나 근무지가 서울이다.
③ 병은 무역회사에 다니거나 섬에서 근무하고 있다.
④ 을의 근무지는 제주도 또는 울릉도이다.
⑤ 병의 근무지는 제주도 또는 울릉도이다.

> ✔해설 병은 풍력발전에 대해 연구하므로 전력회사에 근무하며 전력회사는 서울에만 근무지가 있다.
> 갑은 과거 식품회사였지만 현재는 다른 곳에서 근무하므로 무역회사에 근무하는 것이 되고, 을이 식품회사에 근무하고 있음을 알 수 있다. 을은 섬을 떠나 본 적이 없으므로 제주도 또는 울릉도에 근무지가 있는 것이다.
> 이를 정리해 보면
> 갑→무역회사→울릉도 또는 제주도 근무
> 을→식품회사→울릉도 또는 제주도 근무
> 병→전력회사→서울 근무

46 올림픽경기에서 한국, 중국, 일본, 러시아, 태국이 선두그룹을 형성하고 있는데. 태국이 한 나라를 사이에 두고 중국에 앞서 있고, 한국은 중국보다 앞서 있다. 또한, 러시아 뒤로는 두 나라가 뒤따르고, 일본 앞으로는 세 나라 이상이 앞서 있다면, 현재 선두 그룹에서 3번째는 어느 나라인가? (단, 동등 순위는 없다.)

① 한국   ② 중국
③ 일본   ④ 러시아
⑤ 태국

> ✔해설 태국과 중국 사이에 한 나라가 있어야 하며, 러시아 뒤로는 두 나라가 일본 앞으로는 세 나라 이상이 앞서 있으므로 일본은 5위가 된다.
> 순서에 맞게 정리하면 한국 – 태국 – 러시아 – 중국 – 일본이 된다.

Answer 43.④ 44.⑤ 45.④ 46.④

47 다음 글을 근거로 유추할 경우 옳은 내용만을 바르게 짝지은 것은?

- 9명의 참가자는 1번부터 9번까지의 번호 중 하나를 부여 받고, 동시에 제비를 뽑아 3명은 범인, 6명은 시민이 된다.
- '1번의 오른쪽은 2번, 2번의 오른쪽은 3번, …, 8번의 오른쪽은 9번, 9번의 오른쪽은 1번'과 같이 번호 순서대로 동그랗게 앉는다.
- 참가자는 본인과 바로 양 옆에 앉은 사람이 범인인지 시민인지 알 수 있다.
- "옆에 범인이 있다."라는 말은 바로 양 옆에 앉은 2명 중 1명 혹은 2명이 범인이라는 뜻이다.
- "옆에 범인이 없다."라는 말은 바로 양 옆에 앉은 2명 모두 범인이 아니라는 뜻이다.
- 범인은 거짓말만 하고, 시민은 참말만 한다.

㉠ 1, 4, 6, 7, 8번의 진술이 "옆에 범인이 있다."이고, 2, 3, 5, 9번의 진술이 "옆에 범인이 없다."일 때, 8번이 시민임을 알면 범인들을 모두 찾아낼 수 있다.

㉡ 만약 모두가 "옆에 범인이 있다."라고 진술한 경우, 범인이 부여받은 번호의 조합은 (1, 4, 7) / (2, 5, 8) / (3, 6, 9) 3가지이다.

㉢ 한 명만이 "옆에 범인이 없다."라고 진술한 경우는 없다.

① ㉡
② ㉢
③ ㉠㉡
④ ㉠㉢
⑤ ㉠㉡㉢

✔해설 ㉠ "옆에 범인이 있다."고 진술한 경우를 ○, "옆에 범인이 없다."고 진술한 경우를 ×라고 하면

1	2	3	4	5	6	7	8	9
○	×	×	○	×	○	○	○	×
							시민	

- 9번이 범인이라고 가정하면

9번은 "옆에 범임이 없다."고 진술하였으므로 8번과 1번 중에 범인이 있어야 한다. 그러나 8번이 시민이므로 1번이 범인이 된다. 1번은 "옆에 범인이 있다."라고 진술하였으므로 2번과 9번에 범인이 없어야 한다. 그러나 9번이 범인이므로 모순이 되어 9번은 범인일 수 없다.

- 9번이 시민이라고 가정하면

9번은 "옆에 범인이 없다."라고 진술하였으므로 1번도 시민이 된다. 1번은 "옆에 범인이 있다."라고 진술하였으므로 2번은 범인이 된다. 2번은 "옆에 범인이 없다."라고 진술하였으므로 3번도 범인이 된다. 8번은 시민인데 "옆에 범인이 있다."라고 진술하였으므로 9번은 시민이므로 7번은 범인이 된다. 그러므로 범인은 2, 3, 7번이고 나머지는 모두 시민이 된다.

ⓒ 모두가 "옆에 범인이 있다."라고 진술하면 시민 2명, 범인 1명의 순으로 반복해서 배치되므로 옳은 설명이다.

ⓒ 다음과 같은 경우가 있으므로 틀린 설명이다.

1	2	3	4	5	6	7	8	9
○	○	○	○	○	○	○	×	○
범인	시민	시민	범인	시민	범인	시민	시민	시민

| 48~51 | 다음 조건을 읽고 옳은 설명을 고르시오.

48

- 갑, 을, 병, 정은 각각 박물관, 대형마트, 영화관, 병원 중 한 곳에 갔다.
- 정은 영화관에 갔다.
- 병은 대형마트에 가지 않았다.
- 갑은 병원에 가지 않았다.
- 을은 박물관과 병원에 가지 않았다.

A : 정은 박물관에 갔다.
B : 갑은 대형마트에 갔다.

① A만 옳다.
② B만 옳다.
③ A와 B 모두 옳다.
④ A와 B 모두 그르다.
⑤ A와 B 모두 옳은지 그른지 알 수 없다.

✔ 해설 명제를 종합해보면,

	박물관	대형마트	영화관	병원
갑	○	×	×	×
을	×	○	×	×
병	×	×	×	○
정	×	×	○	×

49

- 영진이네 조는 키 순서대로 자리를 배치하기로 하였다.
- 키가 큰 사람은 본인보다 키가 작은 사람 앞에 앉을 수 없다.
- 대명이는 정우보다 앞에 앉았다.
- 정우는 우리보다 크지 않다.
- 영진이보다 키가 큰 사람은 없다.

A : 정우는 앞에서 세 번째에 앉는다.
B : 대명이는 가장 앞에 앉는다.

① A만 옳다.
② B만 옳다.
③ A와 B 모두 옳다.
④ A와 B 모두 그르다.
⑤ A와 B 모두 옳은지 그른지 알 수 없다.

✔ 해설 명제를 종합해보면,
영진>우리≧정우>대명 순으로 키가 크다.

50

- 초콜릿을 먹으면 집중할 수 있다.
- 서영이는 초콜릿을 먹지 않았다.
- 정진이는 집중할 수 없다.

A : 집중할 수 없으면 초콜릿을 먹지 않았다.
B : 정진이는 초콜릿을 먹었다.

① A만 옳다.
② B만 옳다.
③ A와 B 모두 옳다.
④ A와 B 모두 그르다.
⑤ A와 B 모두 옳은지 그른지 알 수 없다.

✔ 해설 '초콜릿을 먹으면 집중할 수 있다.'의 대우는 '집중할 수 없으면 초콜릿을 먹지 않았다.'이다.
따라서 A만 옳다.

51

> • 태양을 좋아하는 사람은 비를 좋아하는 사람이다.
> • 비를 좋아하는 사람은 눈을 싫어하는 사람이다.
> • 바람을 싫어하는 사람은 눈을 좋아하는 사람이다.
> • 구름을 싫어하는 사람은 바람을 싫어하는 사람이다.

> A : 바람을 싫어하는 사람은 구름을 싫어하는 사람이다.
> B : 태양을 좋아하는 사람은 구름을 좋아하는 사람이다.

① A만 옳다.

② B만 옳다.

③ A와 B 모두 옳다.

④ A와 B 모두 그르다.

⑤ A와 B 모두 옳은지 그른지 알 수 없다.

✔ 해설 ㉠ 명제의 대우 역시 참이므로,
　　　　세 번째와 네 번째 명제의 대우는
　　• 눈을 싫어하는 사람은 바람을 좋아하는 사람이다.
　　• 바람을 좋아하는 사람은 구름을 좋아하는 사람이다.
　　㉡ 나머지 명제들과 연결시켜보면,
　　　　= 태양○ → 비○ → 눈× → 바람○ → 구름○
　　그러므로 태양을 좋아하는 사람은 구름을 좋아하는 사람이다.

52 다음 명제가 참일 때, 항상 참이 되는 것은?

> • 꿈이 있는 자는 좌절하지 않는다.
> • 모든 사람이 대학생은 아니다.
> • 꿈이 없는 대학생은 없다.

① 대학생은 좌절하지 않는다.
② 꿈이 없는 사람은 없다.
③ 좌절하지 않는 모든 사람은 대학생이다.
④ 꿈이 없는 어떤 대학생이 있다.
⑤ 좌절하지 않는 대학생은 꿈이 없다.

> ✔해설 각 명제의 대우를 고려하면 다음과 같다.
> 대학생은 꿈이 있다. → 꿈이 있는 자는 좌절하지 않는다.
> 따라서 모든 대학생은 좌절하지 않는다.

53 김 과장은 오늘 아침 조기 축구 시합에 나갔다. 그런데 김 과장을 모르는 어떤 신입사원이 김 과장에게 급히 전할 서류가 있어 축구 시합장을 찾았다. 시합은 시작되었고, 김 과장이 선수로 뛰고 있는 것은 분명하다. 제시된 조건을 토대로 신입사원이 김 과장을 찾기 위해 추측한 내용 중 반드시 참인 것은?

> • A팀은 검정색 상의를, B팀은 흰색 상의를 입고 있다.
> • 양 팀에서 안경을 쓴 사람은 모두 수비수다.
> • 양 팀에서 축구화를 신고 있는 사람은 모두 안경을 쓰고 있다.

① 만약 김 과장이 A팀의 공격수라면 흰색 상의를 입고 있거나 축구화를 신고 있다.
② 만약 김 과장이 B팀의 공격수라면 축구화를 신고 있다.
③ 만약 김 과장이 검정색 상의를 입고 있다면 안경을 쓰고 있다.
④ 만약 김 과장이 A팀의 수비수라면 검정색 상의를 입고 있으며 안경도 쓰고 있다.
⑤ 만약 김 과장이 공격수라면 안경을 쓰고 있다.

> ✔해설 A팀이라면 검정색 상의를 입고, 수비수는 모두 안경을 쓰고 있으므로 ④가 옳다.

54 가영, 나리, 다솜, 라임, 마야, 바울, 사랑 7명은 구슬치기를 하기 위해 모였디. 다음 조건에 따라 각각의 사람이 구슬을 가지고 있을 때, 다음 중 반드시 거짓인 것은?

- 다솜이 가지고 있는 구슬의 수는 마야, 바울, 사랑이 가지고 있는 구슬의 합보다 많다.
- 마야와 바울이 가지고 있는 구슬의 합은 사랑이 가지고 있는 구슬의 수와 같다.
- 바울이 가지고 있는 구슬의 수는 가영과 라임이 가지고 있는 구슬의 합보다 많다.
- 나리는 가영보다 구슬을 적게 가지고 있다.
- 가영과 라임이 가지고 있는 구슬의 수는 같다.
- 마야와 바울이 가지고 있는 구슬의 수는 같다.

---

① 사랑이 가지고 있는 구슬의 수는 바울이 가지고 있는 구슬의 수보다 더 많다.

② 가영이 가지고 있는 구슬의 수는 나리와 라임이 가지고 있는 구슬의 합보다 더 적다.

③ 사랑이 가지고 있는 구슬의 수는 가영, 라임, 마야가 가지고 있는 구슬의 합보다 더 적다.

④ 바울이 가지고 있는 구슬의 수는 가영, 나리, 라임이 가지고 있는 구슬의 합보다 더 많다.

⑤ 다솜이 가지고 있는 구슬의 수는 가영, 나리, 라임, 마야가 가지고 있는 구슬의 합보다 더 많다.

✔ 해설   조건에 따라 정리하면 다음과 같다.
    ㉠ 다솜 > 마야+바울+사랑
    ㉡ 마야+바울=사랑
    ㉢ 바울 > 가영+라임
    ㉣ 가영 > 나리
    ㉤ 가영=라임
    ㉥ 마야=바울
    따라서 ③은 반드시 거짓이다.

55 S사 사원 A, B, C, D, E, F, G 7명은 일요일부터 토요일까지 일주일에 1명씩 자재구매를 실시한다. 아래의 조건을 만족시키고, A가 월요일에 구매를 한다면, 다음 중 항상 거짓인 것은 무엇인가?

> • C는 화요일에 구매한다.
> • B 또는 F는 D가 구매한 다음 날 구매를 한다.
> • G는 A가 구매한 다음날 구매할 수 없다.
> • E는 B가 구매한 다음날 구매한다.

① G는 일요일에 구매할 수 있다.

② E가 토요일에 구매를 하면 G는 일요일에만 구매를 한다.

③ F가 일요일에 구매를 하면 G는 토요일에 구매를 한다.

④ D는 수, 목, 금 중에 구매를 한다.

⑤ F는 D보다 먼저 구매를 한다.

✅ 해설 조건에 따라 정리하면 다음과 같다.

월	화	수	목	금	토	일
A	C	D	B	E	G 또는 F	F 또는 G
A	C	D	F	B	E	G
A	C	G 또는 F	D	B	E	F 또는 G
A	C	B	E	D	F	G

56 A, B, C, D, E 5명이 다음과 같이 일렬로 서있다고 할 때, 다음 중 뒤에서 두 번째에 있는 사람은?

> • A는 B의 바로 앞에 서 있다.
> • A는 C보다 뒤에 있다.
> • E는 A보다 앞에 있다.
> • D와 E 사이에는 2명이 서 있다.

① A ② B

③ C ④ D

⑤ E

✅ 해설 조건에 따르면 C － E － A － B － D의 순서가 된다. 따라서 뒤에서 두 번째에 있는 사람은 B이다.

57 원형 탁자에 A, B, C, D, E, F 6명이 앉아서 **토론**을 한다. A의 한 사람 건너뛰어 옆에는 B가 앉아 있고, C의 맞은편에는 F가 있다. E의 오른쪽에 한 사람을 건너뛰면 D가 앉아있다. 다음 중 틀린 것은?

① B의 맞은편에는 E일 수 있다.

② A의 맞은편에는 E일 수 있다.

③ B의 옆에는 D일 수 있다.

④ A의 맞은편에는 C일 수 있다.

⑤ A의 옆에는 D일 수 있다.

✔해설 문제에서 C의 맞은편에 F가 있다고 했으므로 A가 C의 맞은편에 올 수는 없다.

58 일우, 재우, 태우, 준우 4명의 어린이가 있다. 신장을 쟀더니 다음과 같은 사항을 알 수 있었다. 가장 키가 큰 사람은?

> • 일우는 태우보다 키가 작다.
> • 재우는 준우보다 키가 크다.
> • 태우는 재우보다 키가 크다.

① 일우   ② 재우

③ 태우   ④ 준우

⑤ 알 수 없다.

✔해설 첫 번째 조건에 의하여 태우 > 일우가 된다.
두 번째, 세 번째 조건에 의하여 태우 > 재우 > 준우가 된다.
따라서 태우의 키가 가장 크다.

59 A, B, C, D 총 4명이 프리젠테이션을 하고 있다. 다음 조건이라면 가장 먼저 토론을 하는 사람은 누구인가?

- A는 B보다 먼저 한다.
- C는 D보다 먼저 한다.
- D는 A보다 먼저 한다.

① A　　　　　　　　　　　　　　② B
③ C　　　　　　　　　　　　　　④ D
⑤ 알 수 없다.

> ✔해설　C - D - A - B의 순서가 된다. 따라서 가장 먼저 토론을 하는 사람은 C이다.

60 제시된 조건을 읽고, 다음 중 항상 옳지 않은 것은?

- 신입사원 A, B, C, D, E, F, G는 인사부, 총무부, 관리부에 배치된다.
- 신입사원이 배치되지 않는 부서는 없다.
- C는 인사부에 배치되지 않는다.
- 관리부에는 신입사원 중 한 사람만 배치된다.
- F와 G는 함께 배치되는데, 인사부에는 배치되지 않는다.
- 인사부에는 신입사원 중 두 사람이 배치된다.
- A, B, C가 배치되는 부서는 모두 다르다.

① 총무부에 배치되는 신입사원은 4명이다.
② 배치되는 부서가 확실히 결정되는 사람은 한 사람뿐이다.
③ A와 F는 배치되는 부서가 서로 다르다.
④ E와 G는 배치되는 부서가 서로 같다.
⑤ C와 E는 총무부에 배치될 수 있다.

> ✔해설　② 배치되는 부서가 확실히 결정되는 사람은 총무부의 F와 G이므로 2명이다.

61 A의원, B의원, C의원이 있디. 이 중에 한 명만 얼마 전 청와대로부터 입각을 제의 받았다고 한다. 이것을 안 언론이 이들과 인터뷰를 통해서 누가 입각을 제의받았는지 알아내고자 한다. 의원들은 대답을 해주었지만, 이들이 한 말이 거짓인지 진실인지는 알 수 없다. 다음을 참고로 입각을 받는 사람과 그 사람의 말이 참말인지 거짓말인지를 고르면?

• A의원 : 나는 입각을 제의 받았다.
• B의원 : 나도 입각을 제의 받았다.
• C의원 : 우리들 가운데 많아야 한 명만이 참말을 했다.

---

① A – 참말
② B – 참말
③ B – 거짓말
④ C – 참말
⑤ C – 거짓말

✔해설 만약 C의원의 말이 거짓이라면 참말을 한 사람은 한 명이 아니다. 그렇다면 A의원과 B의원의 말이 참이 되어, 두 사람 모두 입각을 제의받은 것이 된다. 한 명만 입각을 제의받았다고 했으므로 C의원의 말은 참말이 된다.

62 호동, 수근, 지원, 승기 4명의 학생 중 한 명이 결석을 했다. 다음 진술 중 오직 하나만이 참일 때 결석한 학생과 바르게 말한 학생을 차례대로 적은 것은?

• 호동 : 수근이 결석했어.
• 수근 : 승기가 결석했어.
• 지원 : 나는 결석 안했어.
• 승기 : 수근이의 말은 거짓이야.

---

① 호동, 지원
② 수근, 승기
③ 승기, 수근
④ 지원, 승기
⑤ 지원, 수근

✔해설 호동이 결석한 경우 : 지원, 승기→참
수근이 결석한 경우 : 호동, 지원, 승기→참
지원이 결석한 경우 : 승기→참
승기가 결석한 경우 : 수근, 지원→참
따라서 결석한 사람은 지원이고, 승기의 말만 참이 된다.

63 수덕, 원태, 광수는 임의의 순서로 빨간색, 파란색, 노란색 지붕을 가진 집에 나란히 이웃하여 살고, 개, 고양이, 원숭이라는 서로 다른 애완동물을 기르며, 광부·농부·의사라는 서로 다른 직업을 갖는다. 알려진 정보가 다음과 같을 때, 옳은 것은?

> • 광수는 광부이다.
> • 가운데 집에 사는 사람은 개를 키우지 않는다.
> • 농부와 의사의 집은 서로 이웃해 있지 않다.
> • 노란 지붕 집은 의사의 집과 이웃해 있다.
> • 파란 지붕 집에 사는 사람은 고양이를 키운다.
> • 원태는 빨간 지붕 집에 산다.

① 수덕은 빨간 지붕 집에 살지 않고, 원태는 개를 키우지 않는다.
② 노란 지붕 집에 사는 사람은 원숭이를 키우지 않는다.
③ 원태는 고양이를 키운다.
④ 수덕은 개를 키우지 않는다.
⑤ 원태는 농부다.

✔ 해설 농부와 의사의 집은 서로 이웃해 있지 않으므로, 가운데 집에는 광부가 산다. 가운데 집에 사는 사람은 광수이고, 개를 키우지 않는다. 파란색 지붕 집에 사는 사람이 고양이를 키우므로, 광수는 원숭이를 키운다. 노란 지붕 집은 의사의 집과 이웃해 있으므로, 가운데 집의 지붕은 노란색이다. 따라서 수덕은 파란색 지붕 집에 살고 고양이를 키운다. 원태는 빨간색 지붕 집에 살고 개를 키운다.

64 S씨는 자신의 재산을 운용하기 위해 자산에 대한 설계를 받고 싶어 한다. S씨는 자산 설계사 A ~ E를 만나 조언을 들었다. 그런데 이들 자산 설계사들은 주 투자처에 대해서 모두 조금씩 다르게 추천을 해주었다. 해외펀드, 해외부동산, 펀드, 채권, 부동산이 그것들이다. 다음을 따를 때, A와 E가 추천한 항목은?

- S씨는 A와 D와 펀드를 추천한 사람과 같이 식사를 한 적이 있다.
- 부동산을 추천한 사람은 A와 C를 개인적으로 알고 있다.
- 채권을 추천한 사람은 B와 C를 싫어한다.
- A와 E는 해외부동산을 추천한 사람과 같은 대학에 다녔었다.
- 해외펀드를 추천한 사람과 부동산을 추천한 사람은 B와 같이 한 회사에서 근무한 적이 있다.
- C와 D는 해외부동산을 추천한 사람과 펀드를 추천한 사람을 비난한 적이 있다.

---

① 펀드, 해외펀드
② 채권, 펀드
③ 부동산, 펀드
④ 채권, 부동산
⑤ 펀드, 부동산

✔해설 조건대로 하나씩 채워나가면 다음과 같다.

	A	B	C	D	E
해외펀드	×	×	○	×	×
해외부동산	×	○	×	×	×
펀드	×	×	×	×	○
채권	○	×	×	×	×
부동산	×	×	×	○	×

A와 E가 추천한 항목은 채권, 펀드이다.

65 어느 과학자는 자신이 세운 가설을 입증하기 위해서 다음과 같은 논리적 관계가 성립하는 여섯 개의 진술 A, B, C, D, E, F의 진위를 확인해야 한다는 것을 발견하였다. 그러나 그는 이들 중 F가 거짓이라는 것과 다른 한 진술이 참이라는 것을 이미 알고 있었기 때문에, 나머지 진술들의 진위를 확인할 필요가 없었다. 이 과학자가 이미 알고 있었던 참인 진술은?

> - B가 거짓이거나 C가 참이면, A는 거짓이다.
> - C가 참이거나 D가 참이면, B가 거짓이고 F는 참이다.
> - C가 참이거나 E가 거짓이면, B가 거짓이거나 F가 참이다.

① A   ② B

③ C   ④ D

⑤ E

✔ **해설** 두 번째 조건의 대우 : B가 참이거나 F가 거짓이면, C는 거짓이고 D도 거짓이다.
→C도 거짓, D도 거짓
세 번째 조건의 대우 : B가 거짓이고 F가 거짓이면, C는 거짓이고 E는 참이다.
→B를 모르기 때문에 E에 대해 확신할 수 없다.
첫 번째 조건의 대우 : A가 참이면, B가 참이고 C가 거짓이다.
따라서 A가 참이라는 것을 알면, B가 참이라는 것을 알고, 세 번째 조건의 대우에서 E가 참이라는 것을 알 수 있다.

66 일본과의 국가대표 축구 대항전을 맞이하여 한국 대표팀은 모두 해외파와 국내파를 다 동원해서 시합을 치르려고 한다. 대표팀원들은 지금 파주 트레이닝 센터로 속속들이 모여들고 있다. 신문기자인 A 씨는 파주 트레이닝 센터에 입소하는 기사를 쓰려고 요청하였는데 자료 전달과정에서 한 정보가 누락되어 완벽한 순서를 복원해내지 못했다. 어떤 정보가 있어야 완벽한 순서가 복원되는가?

- 영표는 지성보다는 먼저 입소했지만 청용보다는 나중에 왔다.
- 성용은 주영보다 나중에 입소했지만 두리보다는 먼저 왔다.
- 주영은 영표보다는 나중에 입소했지만 지성보다는 먼저 왔다.
- 두현은 영표보다는 먼저 입소하였지만 정수보다는 나중에 입소하였다.
- 청용이 가장 먼저 오지는 않았으며, 두리가 제일 마지막으로 온 것은 아니다.

① 정수와 두현이 인접하여 입소하지는 않았다.
② 성용과 두리가 인접하여 입소하지는 않았다.
③ 정수는 지성보다 먼저 입소하였다.
④ 영표와 성용이 인접하여 입소한 것은 아니다.
⑤ 두리는 지성보다 먼저 입소하였다.

✔해설 청용 – 영표 – 지성
주영 – 성용 – 두리
영표 – 주영 – 지성
정수 – 두현 – 영표
종합해보면 다음과 같다.
영표 – 주영 – 성용 – 두리 – 지성
정수, 두형, 청용의 위치는 ①과 같이 진술하면 정리가 되므로 순서가 확정된다.

67 서로 성이 다른 3명의 야구선수(김씨, 박씨, 서씨)의 이름은 정덕, 선호, 대은이고, 이들이 맡은 야구팀의 포지션은 1루수, 2루수, 3루수이다. 그리고 이들의 나이는 18세, 21세, 24세이고, 다음과 같은 사실이 알려져 있다. 다음 중 성씨, 이름, 포지션, 나이가 제대로 짝지어진 것은?

- 2루수는 대은보다 타율이 높고 대은은 김씨 성의 선수보다 타율이 높다.
- 1루수는 박씨 성의 선수보다 어리나 대은보다는 나이가 많다.
- 선호와 김씨 성의 선수는 어제 경기가 끝나고 같이 영화를 보러 갔다.

---

① 김 – 정덕 – 1루수 – 18세   ② 박 – 선호 – 3루수 – 24세

③ 서 – 대은 – 3루수 – 18세   ④ 박 – 정덕 – 2루수 – 24세

⑤ 서 – 선호 – 1루수 – 21세

✔해설   대은은 김씨도 아니고, 박씨도 아니므로 서씨이다. 대은은 2루수도 아니고, 1루수도 아니므로 3루수이다. 대은은 1루수보다 나이가 어리고, 박씨 성의 선수보다 나이가 어리므로 18세이다. 선호는 김씨가 아니므로 박씨이고, 나이가 가장 많으므로 24세이다.

	1루수	2루수	3루수
성	김	박	서
이름	정덕	선호	대은
나이	21세	24세	18세

68 경찰서에 목격자 세 사람이 범인에 관하여 다음과 같이 진술하였다. 경찰에서는 이미 이 사건이 한 사람의 단독 범행인 것을 알고 있었다. 그리고 한 진술은 거짓이고, 나머지 진술은 참이라는 것이 나중에 밝혀졌다. 안타깝게도 어느 진술이 거짓인지는 밝혀지지 않았다. 다음 중 반드시 거짓인 것은?

- 영희가 범인이거나 순이가 범인이다.
- 순이가 범인이거나 보미가 범인이다.
- 영희가 범인이 아니거나 또는 보미가 범인이 아니다.

---

① 영희가 범인이다.

② 순이가 범인이다.

③ 보미가 범인이다.

④ 보미는 범인이 아니다.

⑤ 영희가 범인이 아니면 순이도 범인이 아니다.

> ✔해설 영희가 범인이라면 첫 번째, 세 번째 조건은 참이고, 두 번째 조건은 거짓이다.
> 순이가 범인이라면 모든 조건이 참이다.
> 보미가 범인이라면 두 번째, 세 번째 조건은 참이고, 첫 번째 조건은 거짓이다.
> 한 진술은 거짓이고, 나머지 진술은 참이 되어야 하므로 ②는 거짓이다.

69 A는 일주일 중 월요일에만 거짓말을 하고 나머지 요일에는 참말을 한다. 어느 날 A의 친구들이 A가 결혼을 한다는 소문을 들었다. A한테 전화를 걸었더니 다음과 같이 말했다. 친구들이 유추한 것 중 적절한 것은?

① A가 "오늘은 월요일이고 나는 결혼을 한다"라고 대답했다면 오늘은 월요일이 아니다.

② A가 "오늘은 월요일이고 나는 결혼을 한다"라고 대답했다면 A는 결혼을 한다.

③ A가 "오늘은 월요일이거나 나는 결혼을 한다"라고 대답했다면 오늘은 월요일이 맞다.

④ A가 "오늘은 월요일이거나 나는 결혼을 한다"라고 대답했다면 A는 결혼을 한다.

⑤ "오늘은 월요일이고 나는 결혼을 한다"와 "오늘은 월요일이거나 나는 결혼을 한다" 둘 중에 어떤 진술이든 지에 상관없이 A는 결혼을 한다.

> ✔해설 둘 다 거짓이 될 때만 거짓이 되고, 둘 중에 하나만 참이 되어도 참이 된다. A가 월요일에 말했다면 이 말 전체가 참이 되는데, 그럼 월요일에 거짓말을 한다는 전제가 모순이 된다. 따라서 월요일은 아니다. 월요일이 아닌 다른 날에 한 진술은 참이어야 하므로 결혼을 하는 것은 진실이 된다.

70 다음과 같은 내용에서 도출할 수 있는 것으로 옳은 것은?

> • 태희는 동건의 손녀이다.
> • 창정은 태희의 아버지다.
> • 미숙은 우성의 딸이다.
> • 동건은 우성의 외삼촌이다.

① 창정과 우성은 이종사촌이다.
② 태희와 미숙은 자매간이다.
③ 우성은 태희의 외삼촌이다.
④ 동건과 우성은 사촌이다.
⑤ 답이 없다.

> ✔해설 ① 동건의 아들은 창정인데, 동건은 우성의 외삼촌이므로 창정과 우성은 이종사촌이다.

71 주머니 속의 빨강, 파랑, 노랑의 서로 다른 색의 구슬 세 개를 차례로 꺼낼 때, 다음 중 단 하나만 참이라고 한다. 다음에서 옳은 것을 고르면?

> • 첫 번째 구슬은 빨간색이 아니다.
> • 두 번째 구슬은 파란색이 아니다.
> • 세 번째 구슬은 파란색이다.

① 첫 번째 구슬이 빨간색이다.
② 첫 번째 구슬이 파란색이다.
③ 두 번째 구슬이 파란색이다.
④ 세 번째 구슬이 노란색이다.
⑤ 두 번째 구슬이 노란색이다.

> ✔해설 첫 번째 조건이 참이라면, 두 번째 구슬은 파란색이고, 첫 번째 구슬은 노란색이다. 세 번째 구슬은 빨간색이 된다.

72 5명의 친구 A~E가 모여 '수호천사' 놀이를 하기로 했다. 갑이 을에게 선물을 주었을 때 '갑은 을의 수호천사이다'라고 하기로 약속했고, 다음처럼 수호천사 관계가 성립되었다. 이후 이들은 〈규칙〉에 따라 추가로 '수호천사' 관계를 맺었다. 이들 외에 다른 사람은 이 놀이에 참여하지 않는다고 할 때, 옳지 않은 것은?

- A는 B의 수호천사이다.
- B는 C의 수호천사이다.
- C는 D의 수호천사이다.
- D는 B와 E의 수호천사이다.

〈규칙〉

- 갑이 을의 수호천사이고 을이 병의 수호천사이면, 갑은 병의 수호천사이다.
- 갑이 을의 수호천사일 때, 을이 자기 자신의 수호천사인 경우에는 을이 갑의 수호천사가 될 수 있고, 그렇지 않은 경우에는 을이 갑의 수호천사가 될 수 없다.

---

① A는 B, C, D, E의 수호천사이다.
② B는 A의 수호천사가 될 수 있다.
③ C는 자기 자신의 수호천사이다.
④ E는 A의 수호천사가 될 수 있다.
⑤ D의 수호천사와 C의 수호천사는 동일하다.

✔해설 ④ E가 A의 수호천사가 될 수 있기 위해서는 A가 E의 수호천사이고 E는 자기 자신의 수호천사가 되어야 한다. 그러나 A는 E의 수호천사이나, E는 자기 자신의 수호천사가 아니므로 E는 A의 수호천사가 될 수 없다.
① A→B→C→D→B ∩ E 이므로 A는 B, C, D, E의 수호천사가 된다.
② A가 B의 수호천사이고 B는 자기 자신의 수호천사이므로 B는 A의 수호천사가 될 수 있다.
③ C는 B의 수호천사이고 B는 C의 수호천사이기 때문에 C는 자기 자신의 수호천사이다.
⑤ D의 수호천사는 A, B, C가 되며, C의 수호천사는 A, B, 그리고 ③에 의해 자기 자신도 수호천사이므로 D와 C는 수호천사가 동일이다.

Answer 70.① 71.③ 72.④

73 다음의 내용이 모두 참일 때, 결론이 타당하기 위해서 추가로 필요한 진술은?

> ㉠ 자동차는 1번 도로를 지나왔다면 이 자동차는 A마을에서 왔거나 B마을에서 왔다.
> ㉡ 자동차가 A마을에서 왔다면 자동차 밑바닥에 흙탕물이 튀었을 것이다.
> ㉢ 자동차가 A마을에서 왔다면 자동차의 모습을 담은 폐쇄회로 카메라가 적어도 하나가 있을 것이다.
> ㉣ 자동차가 B마을에서 왔다면 도로 정체를 만났을 것이고 적어도 한 곳의 검문소를 통과했을 것이다.
> ㉤ 자동차가 도로정체를 만났다면 자동차의 모습을 닮은 폐쇄회로 카메라가 적어도 하나가 있을 것이다.
> ㉥ 자동차가 적어도 검문소 한 곳을 통과했다면 자동차 밑바닥에 흙탕물이 튀었을 것이다.
> ∴ 따라서 자동차는 1번 도로를 지나오지 않았다.

① 자동차 밑바닥에 흙탕물이 튀었을 것이다.
② 자동차는 도로 정체를 만나지 않았을 것이다.
③ 자동차는 적어도 검문소 한 곳을 통과했을 것이다.
④ 자동차는 검문소를 한 곳도 통과하지 않았을 것이다.
⑤ 자동차 모습을 담은 폐쇄회로 카메라는 하나도 없을 것이다.

✔ 해설   결론이 '자동차는 1번 도로를 지나오지 않았다.'이므로 결론을 중심으로 연결고리를 이어가면 된다.
자동차가 1번 도로를 지나오지 않았다면 ㉠에 의해 이 자동차는 A, B마을에서 오지 않았다. 흙탕물이 자동차 밑바닥에 튀지 않고 자동차를 담은 폐쇄회로 카메라가 없다면 A마을에서 오지 않았을 것이다. 도로정체가 없고 검문소를 통과하지 않았다면 B마을에서 오지 않았을 것이다. 폐쇄회로 카메라가 없다면 도로정체를 만나지 않았을 것이다. 자동차 밑바닥에 흙탕물이 튀지 않았다면 검문소를 통과하지 않았을 것이다.
따라서 자동차가 1번 도로를 지나오지 않았다는 결론을 얻기 위해서는 폐쇄회로 카메라가 없거나 흙탕물이 튀지 않았다는 전제가 필요하다.

74 다음을 읽고 추리한 것으로 옳은 것은?

> ㉠ 어떤 회사의 사원 평가 결과 모든 사원이 최우수, 우수, 보통 중 한 등급으로 분류되었다.
> ㉡ 최우수에 속한 사원은 모두 45세 이상 이었다.
> ㉢ 35세 이상의 사원은 '우수'에 속하거나 자녀를 두고 있지 않았다.
> ㉣ 우수에 속한 사원은 아무도 이직경력이 없다.
> ㉤ 보통에 속한 사원은 모두 대출을 받고 있으며, 무주택자인 사원 중에는 대출을 받고 있는 사람이 없다.
> ㉥ 이 회사의 직원 A는 자녀가 있으며 이직경력이 있는 사원이다.

① A는 35세 미만이고 무주택자이다.
② A는 35세 이상이고 무주택자이다.
③ A는 35세 미만이고 주택을 소유하고 있다.
④ A는 45세 미만이고 무주택자이다.
⑤ A는 45세 이상이고 주택을 소유하고 있다.

✔️**해설** 마지막 단서에서부터 시작해서 추론하면 된다.
직원 A는 자녀가 있으며 이직경력이 있는 사원이다. 따라서 이직경력이 있기 때문에 ㉣에 의해 A는 우수에 속한 사원이 아니다. 또 자녀가 있으며 우수에 속하지 않았기 때문에 ㉢에 의해 35세 미만인 것을 알 수 있다. 35세 미만이기 때문에 ㉡에 의해 최우수에 속하지도 않고, 이 결과 A는 보통에 해당함을 알 수 있다. ㉤에 의해 대출을 받고 있으며, 무주택 사원이 아님을 알 수 있다.
∴ A는 35세 미만이고 주택을 소유하고 있다.

75 함께 여가를 보내려는 A, B, C, D, E 다섯 사람의 자리를 원형탁자에 배정하려고 한다. 다음 글을 보고 옳은 것을 고르면?

> • A 옆에는 반드시 C가 앉아야 된다.
> • D의 맞은편에는 A가 앉아야 된다.
> • 여가시간을 보내는 방법은 책읽기, 수영, 영화 관람이다.
> • C와 E는 취미생활을 둘이서 같이 해야 한다.
> • B와 C는 취미가 같다.

① A의 오른편에는 B가 앉아야 한다.

② B가 책읽기를 좋아한다면 E도 여가 시간을 책읽기로 보낸다.

③ B는 E의 옆에 앉아야 한다.

④ A와 D 사이에 C가 앉아있다.

⑤ A의 왼쪽에는 항상 C가 앉는다.

> ✔해설 ② B와 C가 취미가 같고, C는 E와 취미생활을 둘이서 같이 하므로 B가 책읽기를 좋아한다면 E도 여가 시간을 책읽기로 보낸다.

76 A회사의 건물에는 1층에서 4층 사이에 5개의 부서가 있다. 다음 조건에 일치하는 것은?

> • 영업부와 기획부는 복사기를 같이 쓴다.
> • 3층에는 경리부가 있다.
> • 인사부는 홍보부의 바로 아래층에 있다.
> • 홍보부는 영업부의 아래쪽에 있으며 2층의 복사기를 쓰고 있다.
> • 경리부는 위층의 복사기를 쓰고 있다.

① 영업부는 기획부와 같은 층에 있다.

② 경리부는 4층의 복사기를 쓰고 있다.

③ 인사부는 2층의 복사기를 쓰고 있다

④ 기획부는 4층에 있다.

⑤ 영업부는 3층의 복사기를 쓰고 있다.

① 복사기를 같이 쓴다고 해서 같은 층에 있는 것은 아니다. 영업부가 경리부처럼 위층의 복사기를 쓸
수도 있다.
③ 인사부가 2층의 복사기를 쓰고 있다고 해서 인사부의 위치가 2층인지는 알 수 없다.
④ 제시된 조건으로 기획부의 위치는 알 수 없다.
⑤ 제시된 조건으로는 알 수 없다.

77 4명의 사원을 세계의 각 도시로 출장을 보내려고 한다. 도쿄에 가는 사람은 누구인가?

> • 甲은 뉴욕과 파리를 선호한다.
> • 乙은 도쿄와 파리를 싫어한다.
> • 乙과 丁은 함께 가야한다.
> • 丙과 丁은 뉴욕과 도쿄를 선호한다.
> • 丙은 甲과 같은 도시에는 가지 않을 생각이다.

① 甲   ② 乙
③ 丙   ④ 丁
⑤ 알 수 없다.

해설 丙은 뉴욕과 도쿄를 선호하는데 甲과 같은 도시에는 가지 않을 생각이므로 뉴욕은 갈 수 없고 丙 아니
면 丁이 도쿄에 가는데 乙이 丁과 함께 가야하므로 丁이 도쿄에 갈 수 없다. 따라서 丙이 도쿄에 간다.

Answer 75.② 76.② 77.③

78 다음 글을 통해서 볼 때, 그림을 그린 사람(들)은 누구인가?

> 송화, 진수, 경주, 상민, 정란은 대학교 회화학과에 입학하기 위해 △△미술학원에서 그림을 그린다. 이들은 특이한 버릇을 가지고 있다. 송화, 경주, 정란은 항상 그림이 마무리되면 자신의 작품 밑에 거짓을 쓰고, 진수와 상민은 자신의 그림에 언제나 참말을 써넣는다. 우연히 다음과 같은 글귀가 적힌 그림이 발견되었다.
> "이 그림은 진수가 그린 것이 아님."

① 진수   ② 상민
③ 송화   ④ 송화, 경주
⑤ 경주, 정란

> ✔해설 작품 밑에 참인 글귀를 적는 진수와 상민이 그렸다면, 진수일 경우 진수가 그리지 않았으므로 진수는 그림을 그린 것이 아니고 상민일 경우 문제의 조건에 맞으므로 상민이 그린 것이 된다.

79 6권의 책을 책장에 크기가 큰 것부터 차례대로 책을 배열하려고 한다. 책의 크기가 동일할 때 알파벳 순서대로 책을 넣는다면 다음 조건에 맞는 진술은 어느 것인가?

> • Demian은 책장의 책들 중 두 번째로 큰 하드커버 북이다.
> • One Piece와 Death Note의 책 크기는 같다.
> • Bleach는 가장 작은 포켓북이다.
> • Death Note는 Slam Dunk보다 작다.
> • The Moon and Sixpence는 One Piece보다 크다.

① Demian은 Bleach 다음 순서에 온다.
② 책의 크기는 Slam Dunk가 The Moon and Sixpence 보다 크다.
③ One Piece는 Bleach의 바로 앞에 온다.
④ Slam Dunk 다음 순서로 Demian이 온다.
⑤ 가장 큰 책은 The Moon and Sixpence이다.

> ✔해설 ① Bleach는 가장 작은 포켓북이므로 마지막 순서에 온다.
> ② Slam Dunk와 The Moon and Sixpence 둘 중 어떤 책이 더 큰지는 알 수 없다.
> ④ Demian이 더 큰지 Slam Dunk가 더 큰지 알 수 없다.
> ⑤ 알 수 없다.

80 세 극장 A, B와 C는 직선도로를 따라 서로 이웃하고 있디. 이들 극장의 건물 색깔이 회색, 파란색, 주황색이며 극장 앞에서 극장들을 바라볼 때 다음과 같다면 옳은 것은?

- B극장은 A극장의 왼쪽에 있다.
- C극장의 건물은 회색이다.
- 주황색 건물은 오른쪽 끝에 있는 극장의 것이다.

① A의 건물은 파란색이다.
② A는 가운데 극장이다.
③ B의 건물은 주황색이다.
④ C는 맨 왼쪽에 위치하는 극장이다.
⑤ C의 건물은 파란색이다.

✔ 해설 제시된 조건에 따라 극장과 건물 색깔을 배열하면 C(회색), B(파란색), A(주황색)이 된다.

CHAPTER 02 수리

1 100km 떨어진 목적지를 향하여 A 버스가 먼저 출발하고, 20분 뒤에 같은 장소에서 B 버스가 출발하여 목적지에 동시에 도착하였다. B 버스가 A 버스보다 시속 10km 더 빠르다고 할 때, B 버스의 속력은?

① 시속 50km ② 시속 60km

③ 시속 70km ④ 시속 80km

⑤ 시속 90km

✔ 해설 B 버스의 속력을 v라면, A 버스의 속력은 $v-10$이므로

$\dfrac{100}{v-10}=\dfrac{100}{v}+\dfrac{1}{3}$ 에서 $v^2-10v-3,000=0$, $(v-60)(v+50)=0$

$\therefore\ v=60$

2 80톤의 물이 들어 있는 수영장에서 물을 양수기로 퍼내고 있다. 30톤을 퍼낸 후, 양수기에 이상이 생겨 1시간당 퍼내는 물의 양이 20톤이 줄었다. 수영장의 물을 모두 퍼내는 데 걸린 시간이 양수기에 이상이 생기지 않았을 경우의 예상시간보다 25분이 더 걸렸다면, 이상이 생기기 전 이 양수기의 시간당 퍼내는 물의 양이 몇 톤인가?

① 30 ② 40

③ 50 ④ 60

⑤ 70

✔ 해설 양수기가 고장 나기 전 시간당 퍼내는 물의 양을 x톤이라고 하면

고장 나기 전까지 걸린 시간은 $\dfrac{30}{x}$시간, 고장 난 후에 걸린 시간은 $\dfrac{50}{x-20}$시간, 고장이 나지 않았을 때 걸리는 시간 $\dfrac{80}{x}$이다.

$\therefore\ \dfrac{30}{x}+\dfrac{50}{x-20}=\dfrac{80}{x}+\dfrac{25}{60}$

이 분수방정식을 풀면 $x^2-20x-2,400=0$, $(x-60)(x+40)=0$, $x=60$

3 지수가 낮잠을 자는 동안 엄마가 집에서 마트로 외출을 했다. 곧바로 잠에서 깬 지수는 엄마가 출발하고 10분 후 엄마의 뒤를 따라 마트로 출발했다. 엄마는 매분 100m의 속도로 걷고, 지수는 매분 150m의 속도로 걷는다면 지수는 몇 분 만에 엄마를 만나게 되는가?

① 10분   ② 20분

③ 30분   ④ 40분

⑤ 50분

✔ **해설** 지수가 걸린 시간을 y, 엄마가 걸린 시간을 x라 하면

$$\begin{cases} x - y = 10 & \cdots \ \text{㉠} \\ 100x = 150y & \cdots \ \text{㉡} \end{cases}$$ 에서 ㉠을 ㉡에 대입한다.

$100(y+10) = 150y \Rightarrow 5y = 100 \Rightarrow y = 20$

따라서 지수는 20분 만에 엄마를 만나게 된다.

4 A 쇼핑몰은 회원의 등급별로 포인트와 적립금을 다르게 제공하고 있다. 일반회원의 포인트는 P라 하며 200P당 1,000원의 적립금을 제공한다. 우수회원의 포인트는 S라 하며 40S당 1,500원의 적립금을 제공한다. 이때 360P는 몇 S인가?

① 45S   ② 48S

③ 52S   ④ 53S

⑤ 65S

✔ **해설** 360P의 적립금을 x라 하면 200P : 1,000원 = 360P : x원, $x = 1,800$원

1,800원일 때 포인트 S를 y라 하면 40S : 1,500원 = y : 1,800원, $y = 48$

∴ 360P = 48S

Answer   1.②   2.④   3.②   4.②

5 0, 2, 4, 6, 8의 숫자가 각각 적힌 5장의 카드 중에서 3장을 뽑아 만들 수 있는 세 자리 정수의 개수는?

① 44개

② 48개

③ 50개

④ 56개

⑤ 64개

> ✔ 해설 백의 자리에 올 수 있는 수는 0을 제외한 4가지
> 십의 자리에 올 수 있는 수는 백의 자리의 수를 제외한 4가지
> 일의 자리에 올 수 있는 수는 백의 자리, 십의 자리의 수를 제외한 3가지
> 따라서 구하는 세 자리 정수의 개수는 $4 \times 4 \times 3 = 48$(개)이다.

6 지름의 길이가 8cm, 높이가 10cm인 원기둥이 있다. 밑면의 넓이가 A㎠, 옆면의 넓이가 B㎠, 원기둥의 겉넓이가 C㎠일 때 A+B+C의 값은 얼마인가? (단 원주율은 3.14로 계산한다.)

① 512.32

② 653.12

③ 712.87

④ 871.64

⑤ 914.43

> ✔ 해설 반지름이 4cm이므로 밑면의 넓이 A는 $3.14 \times 4^2 = 50.24$
> 높이가 10cm이므로 옆면의 넓이 B는 밑면의 둘레 × 원기둥의 높이 이므로
> $2 \times 3.14 \times 4 \times 10 = 251.2$
> 원기둥의 겉넓이 C는 밑면+밑면+옆면 이므로 $2A + B = 2 \times 50.24 + 251.2 = 351.68$
> $A + B + C = 50.24 + 251.2 + 351.68 = 653.12$

7 어떤 수를 48로 나누면 몫이 12고 나머지가 11이었다. 어떤 수를 20으로 나누었을 때 나머지를 구하면?

① 5

② 6

③ 7

④ 8

⑤ 9

> ✔ 해설 어떤 수 $x = 48 \times 12 + 11 = 587$
> 587을 20으로 나누면 몫이 29가 되고 나머지가 7이 된다.

8 흰 공 4개와 검은 공 3개를 연속해서 2개를 꺼낼 때, 첫 번째 공이 검은 공이고 두 번째 공이 흰 공일 확률은?

① $\dfrac{1}{7}$　　　　　　　　　　② $\dfrac{2}{7}$

③ $\dfrac{3}{7}$　　　　　　　　　　④ $\dfrac{4}{7}$

⑤ $\dfrac{5}{7}$

✔해설　첫 번째 공이 검은 공일 확률 $= \dfrac{3}{7}$

두 번째 공이 흰 공일 확률 $= \dfrac{4}{6}$

$\therefore \dfrac{3}{7} \times \dfrac{4}{6} = \dfrac{2}{7}$

9 같은 지점에서 서원이는 매분 300m의 속력으로, 소정이는 매분 220m의 속력으로 달릴 때 두 사람의 거리가 2km 이상 차이 나려면 최소 몇 분이 걸리는가?

① 23　　　　　　　　　　② 24

③ 25　　　　　　　　　　④ 26

⑤ 27

✔해설　걸린 시간을 x라 하면
$300x = 220x + 2,000$
$\therefore x = 25$

10 서원이는 책을 3일 만에 읽으려고 한다. 첫째 날 $\frac{1}{2}$을 읽었고, 둘째 날 나머지의 $\frac{1}{5}$보다 100쪽을 더 읽고 셋째 날 남은 64쪽을 다 읽었다면 이 책은 모두 몇 쪽인가?

① 400   ② 410

③ 420   ④ 430

⑤ 440

> ✔해설 전체 쪽수를 x라 하면
>
> 첫째 날 읽은 쪽수 $= \dfrac{x}{2}$
>
> 둘째 날 읽은 쪽수 $= (x - \dfrac{x}{2}) \times \dfrac{1}{5} + 100$
>
> 셋째 날 읽은 쪽수 $= 64$
>
> 모두 더하면 $\dfrac{x}{2} + (x - \dfrac{x}{2}) \times \dfrac{1}{5} + 100 + 64 = x$
>
> $\therefore x = 410$

11 서원운수의 버스요금은 현금이 1,400원이고 카드가 1,250원이다. 받은 요금이 249,600원이고 현금을 낸 사람보다 카드로 계산한 사람이 2배가 많을 때 이날 현금을 낸 승객은 몇 명인가?

① 52   ② 64

③ 76   ④ 88

⑤ 90

> ✔해설 현금을 낸 승객 수를 x라 하면
>
> $1,400x + 1,250 \times 2x = 249,600$
>
> $x = 64$

12 서원이는 이번 기말시험에 국어 95점, 수학 89점, 영어 92점 을 받았다. 마지막 한국사 시험을 놔둔 상황에서 서원이의 지난 중간시험 평균이 89점일 때 중간시험과 기말시험 평균이 90점이 되려면 한국사 기말시험에서 몇 점을 받아야 하는가?

① 88   ② 89

③ 90   ④ 91

⑤ 92

> ✔해설 한국사 점수를 x라 하면
>
> $(\dfrac{x + 95 + 89 + 92}{4} + 89) \times \dfrac{1}{2} = 90$
>
> $\therefore x = 88$

13 12명의 회사에서 점심을 먹으려 한다. 사내 식당에는 A식단과 B식단이 있는데, 5명이 A식단을 주문하면 56,700원이, 7명이 A식단을 주문하면 54,900원이 나왔다. B식단의 가격은 얼마인가?

① 4,200원　　　　　　　　　　　② 4,600원

③ 5,100원　　　　　　　　　　　④ 5,300원

⑤ 6,000원

　　　✔해설　A식단의 가격을 x, B식단의 가격을 y라 한다면
$$\begin{cases} 5x + 7y = 56,700 \\ 7x + 5y = 54,900 \end{cases}$$
$$\therefore x = 4,200, \ y = 5,100$$

14 어느 반 학생들 중 농구공을 가지고 있는 학생은 8명, 축구공을 가지고 있는 학생은 9명, 농구공이나 축구공을 가지고 있는 학생이 15명이라면, 농구공은 가지고 있고 축구공은 가지고 있지 않은 학생은 몇 명인가?

① 8명　　　　　　　　　　　② 7명

③ 6명　　　　　　　　　　　④ 5명

⑤ 4명

　　　✔해설　농구공과 축구공을 모두 가지고 있는 학생은 $8 + 9 - 15 = 2$(명)이다.
따라서 농구공은 가지고 있고 축구공은 가지고 있지 않은 학생은 $8 - 2 = 6$(명)이다.

15 일의 자리의 숫자가 8인 두 자리의 자연수에서 십의 자리와 일의 자리의 숫자를 바꾸면 원래의 수의 2배보다 26만큼 크다. 이 자연수는?

① 28　　　　　　　　　　　② 38

③ 48　　　　　　　　　　　④ 58

⑤ 68

　　　✔해설　십의 자리 수를 x라 하면
$$2(10x + 8) + 26 = 80 + x$$
$$19x = 38$$
$$x = 2$$
따라서 자연수는 28이다.

16 아버지와 아들의 나이 합이 66세이고 12년 후에는 아버지의 나이가 아들의 나이의 2배가 될 때, 현재 아들의 나이는?

① 17세   ② 18세

③ 19세   ④ 20세

⑤ 21세

✔해설 아버지의 나이를 x라 하고 아들의 나이를 y라 할 때
$x + y = 66 \cdots ㉠$
$x + 12 = 2(y + 12) \cdots ㉡$
㉡을 풀면 $x - 2y = 12$
㉠에서 ㉡을 빼면 $3y = 54$
$\therefore y = 18$

17 상인이 우산을 팔려고 한다. 우산 원가의 30%의 이익을 붙여서 정가를 매겼는데, 정가에서 1,000원을 할인해서 팔았더니 원가에 대해 10%이 이익이 생겼다면 처음에 매긴 정가는 얼마인가?

① 5,000원   ② 5,500원

③ 6,000원   ④ 6,500원

⑤ 7,000원

✔해설 원가를 x라 하면
$1.3x - 1,000 = 1.1x$
$0.2x = 1,000$
$\therefore x = 5,000원$
원가가 5,000원이므로 처음에 매긴 정가는 $1.3 \times 5,000 = 6,500원$

18 민수, 영민, 은희는 저녁을 같이 먹었는데 식사를 마친 후 민수가 식사비의 $\frac{3}{5}$ 을, 영민이가 그 나머지

의 $\frac{1}{7}$ 을, 은희가 그 나머지를 계산하였는데 은희가 3,600원을 냈다면 저녁식사비는 얼마인가?

① 10,000원
② 10,500원
③ 12,000원
④ 12,500원
⑤ 13,000원

✔️**해설** 저녁식사비를 A라 할 때 각자 낸 금액은

㉠ 민수 : $\frac{3}{5}A$

㉡ 영민 : $\left(A - \frac{3}{5}A\right) \times \frac{1}{7}$

㉢ 은희 : $A - \left\{\frac{3}{5}A + \left(A - \frac{3}{5}A\right) \times \frac{1}{7}\right\}$

은희가 낸 금액은 3,600원이므로

$\frac{12}{35}A = 3,600, \quad A = 10,500(원)$

19 TV를 판매할 때, 원가에 3할의 이익이 남게 정가를 정했지만, 할인을 하여 정가의 2할 할인으로 판매하였더니 결국 1대에 800원의 이익을 얻었다. 이 TV의 원가는 얼마인가?

① 1만 원
② 2만 원
③ 3만 원
④ 5만 원
⑤ 10만 원

✔️**해설** 원가를 x라 하면,

$(1+0.3)x \times (1-0.2) = x + 800$

$0.04x = 800, \quad x = 20,000$

∴ 원가는 20,000(원)

Answer 16.② 17.④ 18.② 19.②

20 어떤 마을의 총인구는 150명이다. 어른과 어린이의 비율이 2:1이고, 남자어린이와 여자어린이의 비율이 2:3이면 남자어린이의 수는?

① 15명   ② 20명
③ 25명   ④ 30명
⑤ 35명

> ✔해설 어른과 어린이의 비율이 각각 $\frac{2}{3}$, $\frac{1}{3}$ 이므로, 어린아이의 수는 $150 \times \frac{1}{3} = 50$(명)이다.
>
> 남자어린이와 여자어린이의 비율이 각각 $\frac{2}{5}$, $\frac{3}{5}$ 이므로, 남자어린이의 수는 $50 \times \frac{2}{5} = 20$(명)이다.

21 승민이는 가지고 있던 돈의 25%로 책을 사고 나머지의 40%로 학용품을 샀다. 학용품이 책보다 500원이 더 비싸다면 승민이가 처음 가지고 있던 돈은 얼마인가?

① 14,000원   ② 13,000원
③ 12,000원   ④ 11,000원
⑤ 10,000원

> ✔해설 가지고 있던 돈을 x라 하면
>
> 책을 산 돈 : $x \times \frac{25}{100} = 0.25x$
>
> 학용품을 산 돈 : $x \times \frac{75}{100} \times \frac{40}{100} = 0.3x$
>
> 학용품이 책보다 500원이 더 비싸므로 $0.25x + 500 = 0.3x$
>
> $0.05x = 500$
>
> $\therefore x = 10,000$

22 아버지가 혼자 하면 8일이 걸리고, 아들이 혼자 하면 12일이 걸리는 일이 있다. 이 일을 아버지가 하다가 도중에 아들이 교대하였더니 10일 만에 끝낼 수 있었다. 이 때, 아들이 일한 날은 며칠인가?

① 4일   ② 5일
③ 6일   ④ 7일
⑤ 8일

> ✔해설 전체 일의 양을 1, 아버지가 일한 날을 x, 아들이 일한 날을 y라고 하면
>
> $x + y = 10$, $\frac{x}{8} + \frac{y}{12} = 1$이므로 $x = 4$, $y = 6$
>
> 따라서 아들이 일한 날은 6일이다.

23 준상이는 세 번의 수학 시험에서 91점, 82점, 95점을 받았다. 네 번에 걸친 수학 시험의 평균이 90점 이상이 되려면 네 번째 수학 시험에서 몇 점 이상을 받아야 하는가?

① 91점   ② 92점

③ 93점   ④ 94점

⑤ 95점

> ✔ **해설**   네 번째 수학 시험에서 x점을 받는다고 하면
> $$\frac{91+82+95+x}{4} \geq 90$$
> $$\therefore x \geq 92$$

24 돼지 저금통에서는 50원짜리와 100원짜리 동전을 합하여 20개가 들어있고, 그 금액은 1,700원이다. 이 때, 100원짜리 동전의 개수는?

① 6개   ② 8개

③ 10개   ④ 12개

⑤ 14개

> ✔ **해설**   50원짜리 동전의 개수 x, 100원짜리 동전의 개수 y
> $$x+y=20$$
> $$50x+100y=1,700$$
> $$\therefore x=6, \ y=14$$

25 100명의 학생이 일본어와 중국어 중 한 과목을 선택하여 시험을 치르고, 과목마다 25%의 학생이 '수'를 받게 된다. 일본어를 선택한 학생 중 '수'를 받은 학생이 12명일 경우, 중국어를 선택한 학생 중 '수'를 받은 학생은 몇 명인가?

① 6명　　　　　　　　　　　　　② 8명

③ 10명　　　　　　　　　　　　　④ 13명

⑤ 15명

 해설 일본어를 선택한 학생의 수 : $x \times \dfrac{25}{100} = 12$,　∴ $x = 48$(명)

중국어를 선택한 학생의 수 : $100 - 48 = 52$(명)

중국어를 선택한 학생 중 '수'를 받은 학생의 수 : $52 \times \dfrac{25}{100} = 13$(명)

26 전교생이 1,000명이고 이 중 남학생이 여학생보다 200명이 많은 어느 학교에서 안경 낀 학생 수를 조사하였다. 안경 낀 학생은 안경을 끼지 않은 학생보다 300명이 적었다. 안경 낀 남학생은 안경 낀 여학생의 1.5배라면 안경 낀 여학생은 몇 명인가?

① 120명　　　　　　　　　　　　② 140명

③ 160명　　　　　　　　　　　　④ 180명

⑤ 200명

 해설 안경을 낀 학생 수를 x라 하면
안경을 끼지 않은 학생 수는 $x + 300$이다.
$x + (x + 300) = 1,000$이므로 x는 350명이다.
안경을 낀 남학생을 $1.5y$라 하면,
안경을 낀 여학생은 y가 된다.
$y + 1.5y = 350$이므로 y는 140명이다.
따라서 안경을 낀 여학생 수는 140명이다.

27 한 학년에 세 반이 있는 학교가 있다. 학생수가 A반은 20명, B반은 30명, C반은 50명이다. 수학 점수 평균이 A반은 70점, B반은 80점, C반은 60점일 때, 이 세 반의 평균은 얼마인가?

① 62점   ② 64점

③ 66점   ④ 68점

⑤ 70점

✔해설

반	학생수	점수 평균	총점
A	20	70	1,400
B	30	80	2,400
C	50	60	3,000
합계	100		6,800

세 반의 평균을 구하면 $\frac{6,800}{100} = 68(점)$

28 어느 학교에서 학생과 선생님 총 48명이 소풍을 갔다. 점심시간에 학생들은 한 명당 빵을 두 개씩 먹었고, 선생님들은 두 명당 한 개씩 먹었다. 총 48개의 빵을 먹었다면, 소풍에 참여한 학생의 수는?

① 8명   ② 16명

③ 24명   ④ 32명

⑤ 35명

✔해설 학생을 x, 선생님을 y라 하면

$x + y = 48$

$2x + \frac{1}{2}y = 48$

두 식을 연립하여 풀면 $x = 16,\ y = 32$

29 두 개의 주사위를 동시에 던질 때 나오는 두 수의 합이 4보다 작거나 같을 확률은?

① $\dfrac{1}{6}$ ② $\dfrac{1}{5}$

③ $\dfrac{1}{4}$ ④ $\dfrac{1}{3}$

⑤ $\dfrac{1}{2}$

✔ 해설   두 개의 주사위를 각각 a, b라고 할 때 합이 4보다 작거나 같을 확률은 다음과 같다.

㉠ $a+b=2$일 확률 : $\dfrac{1}{6}\times\dfrac{1}{6}=\dfrac{1}{36}$

㉡ $a+b=3$일 확률
- $a=1$, $b=2$ • $a=2$, $b=1$

$=\dfrac{2}{36}$

㉢ $a+b=4$일 확률
- $a=1$, $b=3$ • $a=2$, $b=2$ • $a=3$, $b=1$

$=\dfrac{3}{36}$

∴ $\dfrac{1+2+3}{36}=\dfrac{6}{36}=\dfrac{1}{6}$

30 4% 소금물에 8% 소금물을 섞어서 5% 소금물 800g을 만들 때, 사용된 4% 소금물의 무게는?

① 400g   ② 500g

③ 600g   ④ 700g

⑤ 800g

✔ 해설   4%의 소금물 무게를 x라고 하고 8%의 소금물 무게를 y라고 했을 때 $x+y=800$이다.

계산하면 $\dfrac{4}{100}x+\dfrac{8}{100}y=\dfrac{5}{100}\times800$

$=4x+8y=4{,}000$

$y=(800-x)$이므로

$4x+8(800-x)$

$=4x-8x+6{,}400=4{,}000$

$=4x=2{,}400$

∴ $x=600(\text{g})$

31 다음은 우체국 택배물 취급에 관한 기준표이다. 미영이가 서울에서 포항에 있는 보람이와 설희에게 각각 택배를 보내려고 한다. 보람이에게 보내는 물품은 10kg에 130cm이고, 설희에게 보내려는 물품은 4kg에 60cm이다. 미영이가 택배를 보내는 데 드는 비용은 모두 얼마인가?

(단위 : 원/개)

중량(크기)		2kg까지 (60cm까지)	5kg까지 (80cm까지)	10kg까지 (120cm까지)	20kg까지 (140cm까지)	30kg까지 (160cm까지)
동일지역		4,000원	5,000원	6,000원	7,000원	8,000원
타지역		5,000원	6,000원	7,000원	8,000원	9,000원
제주 지역	빠른(항공)	6,000원	7,000원	8,000원	9,000원	11,000원
	보통(배)	5,000원	6,000원	7,000원	8,000원	9,000원

※ 1) 중량이나 크기 중에 하나만 기준을 초과하여도 초과한 기준에 해당하는 요금을 적용한다.

2) 동일지역은 접수지역과 배달지역이 동일한 시/도이고, 타지역은 접수한 시/도지역 이외의 지역으로 배달되는 경우를 말한다.

3) 부가서비스(안심소포) 이용시 기본요금에 50% 추가하여 부가한다.

① 13,000원　　　　　　　　② 14,000원

③ 15,000원　　　　　　　　④ 16,000원

⑤ 17,000원

✔ 해설　중량이나 크기 중에 하나만 기준을 초과하여도 초과한 기준에 해당하는 요금을 적용한다고 하였으므로, 보람이에게 보내는 택배는 10kg지만 130cm로 크기 기준을 초과하였으므로 요금은 8,000원이 된다. 또한 설희에게 보내는 택배는 60cm이지만 4kg으로 중량기준을 초과하였으므로 요금은 6,000원이 된다.

32 다음은 A기업의 올해 여름휴가 계획을 조사한 표이다. 여름휴가로 해외여행을 가는 직원은 전체의 몇 %인가?

(단위 : 명)

국내여행	해외여행	자기계발	계획 없음	기타
88	55	49	3	5

① 12%
② 25.5%
③ 27.5%
④ 35%
⑤ 40%

✔해설 $\dfrac{55}{88+55+49+3+5} = \dfrac{55}{200}$

$\dfrac{55}{200} \times 100 = 27.5(\%)$

33 다음은 성인 직장인을 대상으로 소속감에 대하여 조사한 결과를 정리한 표이다. 조사 결과를 사회 집단 개념을 사용하여 분석한 내용으로 옳은 것은?

(단위 : %)

구분		가정	직장	동창회	친목 단체	합계
성별	남성	53.1	21.9	16.1	8.9	100.0
	여성	68.7	13.2	9.8	8.3	100.0
학력	중졸 이하	71.5	8.2	10.6	9.7	100.0
	고졸	62.5	17.7	11.8	8.0	100.0
	대졸 이상	54.0	22.5	16.0	7.5	100.0

① 학력이 높을수록 공동 사회라고 응답한 비율이 높다.
② 이익 사회라고 응답한 비율은 남성이 여성보다 높다.
③ 성별과 상관없이 자발적 결사체라고 응답한 비율이 가장 높다.
④ 과업 지향적인 집단이라고 응답한 비율은 여성이 남성보다 높다.
⑤ 고졸 직장인의 친목 단체에서 느끼는 소속감은 다른 집단에서의 소속감보다 높다.

✔해설 직장, 동창회, 친목 단체는 이익 사회에 해당하며, 이들 집단에서 소속감을 가장 강하게 느낀다고 응답한 비율은 남성이 더 높다.

34 다음은 갑과 을의 시계 제작 실기시험 시시서의 내용이다. 을의 최종 완성 시간과 유휴 시간은 긱긱 얼마인가? (단, 이동 시간은 고려하지 않는다.)

[각 공작 기계 및 소요 시간]

1. 앞면 가공용 A 공작 기계 : 20분
2. 뒷면 가공용 B 공작 기계 : 15분
3. 조립 : 5분

[공작 순서]

시계는 각 1대씩 만들며, 갑은 앞면부터 가공하여 뒷면 가공 후 조립하고, 을은 뒷면부터 가공하여 앞면 가공 후 조립하기로 하였다.

[조건]

• A, B 공작 기계는 각 1대씩이며 모두 사용해야 하고, 두 사람이 동시에 작업을 시작한다.
• 조립은 가공이 이루어진 후 즉시 실시한다.

	최종 완성 시간(분)	유휴 시간(분)
①	40	5
②	45	5
③	45	10
④	50	5
⑤	55	15

✔ 해설 을은 뒷면을 가공한 이후 갑의 앞면 가공이 끝날 때까지 5분을 기다려야 한다.
뒷면 가공 15분→5분 기다림→앞면 가공 20분→조립 5분
총 45분이 걸리고, 유휴 시간은 기다린 시간인 5분이 된다.

35 다음은 청소년이 고민하는 문제에 대한 조사표이다. 이에 대한 설명으로 적절한 것은?

(단위 : 명, %)

구분		응답인원	외모	가계경제 어려움	공부	직업	이성교제	기타
지역	도시	12,000	13.0	6.1	49.1	12.1	1.6	18.1
	농촌	3,000	11.0	7.0	35.3	24.0	1.8	20.9
성별	남자	8,000	9.1	5.8	40.7	23.4	1.5	19.5
	여자	7,000	16.3	6.8	36.4	22.4	1.8	16.3
연령	13~14세	4,000	16.9	2.2	60.6	5.8	0.2	14.3
	15~16세	6,000	11.0	2.4	65.2	6.6	0.3	14.5
	17~18세	5,000	12.3	9.7	59.9	9.1	1.6	7.4

① 지역 간 응답 비율의 격차가 가장 작은 항목은 외모에 대한 고민이다.
② 이성교제에 대한 고민을 하고 있다고 응답한 수는 남자가 여자보다 많다.
③ 연령이 높을수록 공부에 대한 고민을 하고 있다고 응답한 비율이 감소하고 있다.
④ 직업에 대한 고민을 하고 있다고 응답한 수는 도시 지역이 농촌 지역의 2배 이상이다.
⑤ 남자 청소년의 응답 비율은 '외모'가 가장 높다.

✔해설 ① 지역 간 응답 비율의 격차가 가장 작은 항목은 이성교제에 대한 고민이다.
② 이성교제에 대한 고민을 하고 있다고 응답한 수는 여자가 남자보다 많다.
③ 15~16세에서 공부에 대한 고민을 하고 있다고 응답한 비율이 가장 높다.
④ 직업에 대한 고민을 하고 있다고 응답한 수는 도시 지역이 농촌 지역보다 높다.
⑤ 남자 청소년의 응답 비율은 '공부'가 가장 높다.

〈대학교 응시생 수와 합격생 수〉

분류	응시인원	1차 합격자	2차 합격자
어문학부	3,300명	1,695명	900명
법학부	2,500명	1,500명	800명
자연과학부	2,800명	980명	540명
생명공학부	3,900명	950명	430명
전기전자공학부	2,650명	1,150명	540명

36 자연과학부의 1차 시험 경쟁률은 얼마인가?

① 1 : 1.5 ② 1 : 2.9

③ 1 : 3.4 ④ 1 : 4

⑤ 1 : 5

✔해설 $1 : 980 = x : 2,800$
$980x = 2,800$
$x = 2.85 ≒ 2.9$
$∴ 1 : 2.9$

37 1차 시험 경쟁률이 가장 높은 학부는?

① 어문학부 ② 법학부

③ 생명공학부 ④ 전기전자공학부

⑤ 자연과학부

✔해설 ① 어문학부 : $1 : 1,695 = x : 3,300$ $∴ 1 : 1.9$
② 법학부 : $1 : 1,500 = x : 2,500$ $∴ 1 : 1.6$
③ 생명공학부 : $1 : 950 = x : 3,900$ $∴ 1 : 4.1$
④ 전기전자공학부 : $1 : 1,150 = x : 2,650$ $∴ 1 : 2.3$
⑤ 자연과학부 : $1 : 980 = x : 2,800$ $∴ 1 : 2.9$

Answer 35.④ 36.② 37.③

▌38~40 ▐ 다음은 주유소 4곳을 경영하는 서원각에서 2021년 VIP 회원의 업종별 구성비율을 지점별로 조사한 표이다. 표를 보고 물음에 답하시오. (단, 가장 오른쪽은 각 지점의 회원 수가 전 지점의 회원 총수에서 차지하는 비율을 나타낸다)

(단위 : %)

구분	대학생	회사원	자영업자	주부	각 지점/전 지점
A	10%	20%	40%	30%	10%
B	20%	30%	30%	20%	30%
C	10%	50%	20%	20%	40%
D	30%	40%	20%	10%	20%
전 지점	20%		30%		100%

38 서원각 전 지점에서 회사원의 수는 회원 총수의 몇 %인가?

① 24% ② 33%

③ 39% ④ 51%

⑤ 58%

> ✔ 해설 $A = 0.1 \times 0.2 = 0.02 = 2(\%)$
> $B = 0.3 \times 0.3 = 0.09 = 9(\%)$
> $C = 0.4 \times 0.5 = 0.2 = 20(\%)$
> $D = 0.2 \times 0.4 = 0.08 = 8(\%)$
> $\therefore A + B + C + D = 39(\%)$

39 A지점의 회원 수를 5년 전과 비교했을 때 자영업자의 수가 2배 증가했고 주부회원과 회사원은 1/2로 감소하였으며 그 외는 변동이 없었다면 5년 전 대학생의 비율은? (단, A지점의 21년 VIP회원의 수는 100명이다.)

① 7.69% ② 8.53%

③ 8.67% ④ 9.12%

⑤ 10.32%

> ✔ 해설 2021년 A지점의 회원 수는 대학생 10명, 회사원 20명, 자영업자 40명, 주부 30명이다. 따라서 2016년의 회원 수는 대학생 10명, 회사원 40명, 자영업자 20명, 주부 60명이 된다. 이 중 대학생의 비율은 $\frac{10명}{130명} \times 100(\%) \fallingdotseq 7.69(\%)$가 된다.

40 B지점의 대학생 회원수가 300명일 때 C지점의 대학생 회원 수는?

① 100명   ② 200명

③ 300명   ④ 400명

⑤ 500명

> ✔ 해설   B지점의 대학생이 차지하는 비율 $= 0.3 \times 0.2 = 0.06 = 6(\%)$
> C지점의 대학생이 차지하는 비율 $= 0.4 \times 0.1 = 0.04 = 4(\%)$
> B지점 대학생 수가 300명이므로 $6 : 4 = 300 : x$
> $\therefore x = 200(명)$

┃41~42┃ 다음은 영희네 반 영어시험의 점수분포도이다. 물음에 답하시오.

점수(점)	0~20	20~40	40~60	60~80	80~90	90~100	합계
인원수(명)	3	㉠	15	24	㉡	3	60
상대도수	0.050	0.15	0.250	0.400	–	0.050	1

41 다음 중 ㉠에 알맞은 수는?

① 6명   ② 9명

③ 15명   ④ 20명

⑤ 25명

> ✔ 해설 $0.15 \times 60 = 9(명)$

42 다음 중 ㉡에 알맞은 수는?

① 3명   ② 4명

③ 5명   ④ 6명

⑤ 7명

> ✔ 해설 $60 - (3 + 9 + 15 + 24 + 3) = 6(명)$

Answer   38.③   39.①   40.②   41.②   42.④

43 다음 표는 A, B, C, D 도시의 인구 및 총 인구에 대한 여성의 비율과 그 여성 중 독신자의 비율을 나타낸 것이다. 올해 A 도시의 여성 독신자의 7%가 결혼을 하였다면 올해 결혼한 독신여성은 모두 몇 명인가?

구분	A 도시	B 도시	C 도시	D 도시
인구(만 명)	25	39	43	52
여성 비율(%)	42	53	47	57
여성 독신자 비율(%)	42	31	28	32

① 3,087명   ② 4,210명

③ 5,658명   ④ 6,407명

⑤ 7,350명

 해설 A 도시의 여성 수는 $250,000 \times \dfrac{42}{100} = 105,000$ 명

A 도시의 여성 독신자 수는 $105,000 \times \dfrac{42}{100} = 44,100$ 명

A 도시의 여성 독신자 중 7%에 해당하는 수는 $44,100 \times \dfrac{7}{100} = 3,087$ 명

44 다음은 흡연 여부에 따른 폐암 발생 현황을 나타낸 것이다. 옳지 않은 것을 모두 고른 것은?

〈흡연 여부에 따른 폐암 발생 현황〉

(단위 : 명)

흡연 여부 \ 폐암 발생 여부	발생	비발생	계
흡연	300	700	1,000
비흡연	300	9,700	10,000
계	600	10,400	11,000

㉠ 흡연 시 폐암 발생률은 30%이다.
㉡ 비흡연 시 폐암 발생량은 0.3%이다.
㉢ 흡연 여부와 상관없이 폐암 발생률은 10%이다.

① ㉠   ② ㉡

③ ㉠, ㉡   ④ ㉡, ㉢

⑤ 모두 옳다.

ⓒ 비흡연 시 폐암 발생량은 $\frac{300}{10,000} \times 100 = 3(\%)$이다.

ⓒ 흡연 여부와 상관없이 폐암 발생률은 $\frac{600}{11,000} \times 100 ≒ 5.45(\%)$이다.

45 다음은 CGV 2곳의 매출실적에 관한 표이다. 이에 대한 설명으로 옳은 것은?

구분	평균				품목별 총점
	A지점		B지점		
	남사원 20명	여사원 10명	남사원 15명	여사원 15명	
영화관람권	60	65	㉠	60	3,650
스낵바	㉡	55	50	60	3,200
팝콘팩토리	50	50	60	50	3,150

① ㉠은 ㉡보다 크다.

② A지점 남사원의 스낵바 평균 실적은 B지점 남사원의 스낵바 평균 실적보다 낮다.

③ 영화관람권은 B지점 사원 평균이 A지점 사원의 평균보다 높다.

④ 전체 남사원의 팝콘팩토리 매출 실적 평균은 전체 여사원의 팝콘팩토리 매출 실적 평균보다 낮다.

⑤ 3개 제품의 전체 평균의 경우 A지점 여사원 평균이 A지점 남사원 평균보다 낮다.

㉠을 구하면

$20 \times 60 + 10 \times 65 + 15 \times ㉠ + 15 \times 60 = 3,650$

∴ ㉠ = 60

㉡을 구하면

$㉡ \times 20 + 10 \times 55 + 15 \times 50 + 15 \times 60 = 3,200$

∴ ㉡ = 50

② A지점 남사원의 스낵바 평균 실적은, B지점 남사원의 스낵바 평균 실적은 동일하다.

③ 영화관람권은 B지점 사원 평균이 60점, A지점 사원의 평균이 62.5점이므로 A지점이 더 높다.

④ 전체 남사원의 팝콘팩토리 매출 실적 평균은 55점, 전체 여사원의 팝콘팩토리 매출 실적 평균은 50점이므로 전체 남사원의 매출 실적 평균이 더 높다.

⑤ 3개 제품의 전체 평균의 경우 A지점 여사원 평균이 56.7점, A지점 남사원 평균이 53.3점이므로 남사원 평균이 더 낮다.

46 다음 표는 A, B 두 회사 전체 신입사원의 성별 교육연수 분포에 관한 자료이다. 이에 대해 신입사원 초임결정공식을 적용하였을 때, 교육연수가 14년인 남자 신입사원과 여자 신입사원의 초임 차이는 각각 얼마인가?

〈회사별 · 성별 전체 신입사원의 교육연수 분포〉

구분		12년 (고졸)	14년 (초대졸)	16년 (대졸)	18년 (대학원졸)
A사	남	30%	20%	40%	10%
	여	40%	20%	30%	10%
B사	남	40%	10%	30%	20%
	여	50%	30%	10%	10%

〈신입사원 초임결정공식〉

• A사
−남성 : 초임(만 원)＝1,000만 원＋(180만 원×교육연수)
−여성 : 초임(만 원)＝1,840만 원＋(120만 원×교육연수)
• B사
−남성 : 초임(만 원)＝750만 원＋(220만 원×교육연수)
−여성 : 초임(만 원)＝2,200만 원＋(120만 원×교육연수)

	A사	B사
①	0원	40만 원
②	0원	50만 원
③	40만 원	50만 원
④	50만 원	40만 원
⑤	60만 원	60만 원

✔ 해설 교육연수가 14년인 경우를 계산해 보면
 • A사
 −남성＝1,000＋(180×14)＝3,520만 원
 −여성＝1,840＋(120×14)＝3,520만 원
 • B사
 −남성＝750＋(220×14)＝3,830만 원
 −여성＝2,200＋(120×14)＝3,880만 원

47 장난감 가게의 징닌킴 한 개에 들어 있는 건전지의 수를 조시하여 니디낸 막대그래프이다. 오늘 팔린 장난감 배에 들어 있는 건전지가 모두 72개라면 오늘 팔린 장난감 배는 몇 개인가?

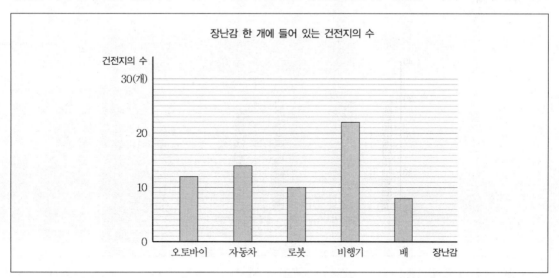

① 9개
② 10개
③ 11개
④ 12개
⑤ 13개

✔ 해설 장난감 배 한 개에 들어가는 건전지는 8개이다. 72개가 들어있다고 했으므로 총 9개가 팔렸다.

│48~49│ 다음은 국민연금 부담에 대한 인식을 취업자와 실업 및 미취업자로 나타낸 그래프이다. 그래프를 보고 물음에 답하시오.

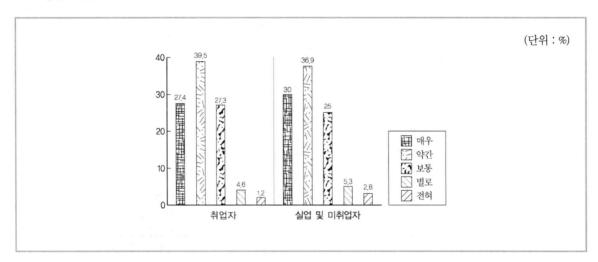

48 취업자 가운데 국민연금이 부담된다는 사람은 몇 %인가?

① 66.9%

② 67.8%

③ 72.3%

④ 75.3%

⑤ 78.0%

✔ 해설   27.4＋39.5＝66.9

49 국민연금이 부담되지 않는다는 사람은 취업자와 실업자에서 각각 몇 %를 차지하는가?

① 5.8%, 8.1%

② 5.9%, 8.0%

③ 4.6%, 5.3%

④ 5.3%, 2.8%

⑤ 5.5%, 3.0%

✔ 해설   취업자 : 4.6＋1.2＝5.8(%)
실업자 : 5.3＋2.8＝8.1(%)

|50~51| 다음 표는 A 자동차 회사의 고객만족도 조사결과이다. 다음 물음에 답하시오.

(단위 : %)

구분	1 ~ 12개월(출고 시기별)	13 ~ 24개월(출고 시기별)	고객 평균
안전성	41	48	45
A/S의 신속성	19	17	18
정숙성	2	1	1
연비	15	11	13
색상	11	10	10
주행 편의성	11	9	10
차량 옵션	1	4	3
계	100	100	100

50 출고시기에 관계없이 전체 조사 대상 중에서 1,350명이 안전성을 장점으로 선택했다면 이번 설문에 응한 고객은 모두 몇 명인가?

① 2,000명 ② 2,500명
③ 3,000명 ④ 3,500명
⑤ 4,000명

 해설 $45 : 1,350 = 100 : x$
$45x = 135,000$
$\therefore x = 3,000$

51 차를 출고 받은 지 12개월 이하 된 고객 중에서 30명이 연비를 선택했다면 정숙성을 선택한 고객은 몇 명인가?

① 2명 ② 3명
③ 4명 ④ 5명
⑤ 6명

 해설 $30 : 15 = x : 2$
$15x = 60$
$\therefore x = 4$

52 다음은 각국 국민의 대미 인식에 대한 여론조사자료이다. 이 여론조사들이 각국 국민의 의견을 충분히 대표한다고 가정할 때 올바른 해석이 아닌 것은?

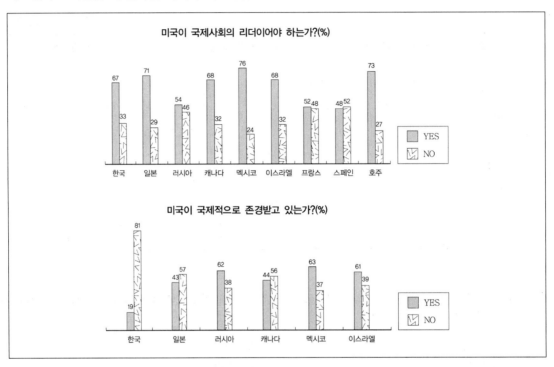

ⓐ 미국의 국제 사회의 리더역할의 필요성에 대하여 러시아, 프랑스, 스페인 국민들은 상대적으로 인색하고, 미국과 지리적으로 가까운 멕시코와 캐나다, 전통적인 우방국인 한국, 호주, 이스라엘, 일본 국민들은 상대적으로 높게 평가하고 있다.

ⓑ 미국의 국제사회의 리더역할에 대한 당위성은 국민 과반수가 긍정하지만, 실제로 존경받고 있는가에 대한 평가에서는 과반수가 부정하는 국가는 한국, 일본, 캐나다이다.

ⓒ 모든 조사 대상 국가에서 미국이 국제사회의 리더이어야 한다는 질문에 긍정 응답이 부정 응답보다 많았다.

ⓓ 모든 조사 대상 국가에서 국제사회의 리더로서 미국의 필요성에 대한 긍정보다 실제 미국이 국제사회에서 존경받고 있는가에 대한 긍정 정도가 낮게 나타나고 있다.

① ㉠, ㉡
② ㉠, ㉡, ㉢
③ ㉡, ㉢, ㉣
④ ㉢, ㉣
⑤ ㉠, ㉢, ㉣

✔️**해설** ㉢ 스페인은 부정 응답이 더 많았다.
㉣ 러시아는 미국이 국제사회에서 존경받고 있는가에 대한 긍정 정도가 높게 나타나고 있다.

53 다음 표는 B 중학교 학생 200명의 통학수단을 조시한 것이다. 이 학교 학생 중 지하철로 통학하는 남학생의 비율은?

(단위 : 명)

통학수단	버스	지하철	자전거	도보	합계
여학생	44	17	3	26	90
남학생	45	22	17	26	110
합계	89	39	20	52	200

① 11%

② 16%

③ 20%

④ 22%

⑤ 31%

✔ 해설 $\dfrac{22}{200} \times 100 = 11(\%)$

| 54~55 | 다음 〈표〉는 콩 교역에 관한 자료이다. 이 자료를 보고 물음에 답하시오.

(단위 : 만 톤)

순위	수출국	수출량	수입국	수입량
1	미국	3,102	중국	1,819
2	브라질	1,989	네덜란드	544
3	아르헨티나	871	일본	517
4	파라과이	173	독일	452
5	네덜란드	156	멕시코	418
6	캐나다	87	스페인	310
7	중국	27	대만	169
8	인도	24	벨기에	152
9	우루과이	18	한국	151
10	볼리비아	12	이탈리아	144

54 이 자료에 대한 설명으로 옳지 않은 것은?

① 이탈리아 수입량은 볼리비아 수출량의 12배이다.
② 수출량과 수입량 모두 상위 10위에 들어있는 국가는 네덜란드 뿐이다.
③ 캐나다의 콩 수출량은 중국, 인도, 우루과이, 볼리비아 수출량을 합친 것보다 많다.
④ 수출국 1위와 10위의 수출량은 약 250배 이상 차이난다.
⑤ 파라과이 수출량은 브라질 수출량의 10%도 되지 않는다.

✔ 해설 ② 수출량과 수입량 모두 상위 10위에 들어있는 국가는 네덜란드와 중국이다.

55 네덜란드와 중국의 '수입량 – 수출량'은 각각 얼마인가?

	네덜란드	중국
①	378	1,692
②	378	1,792
③	388	1,692
④	388	1,792
⑤	398	1,892

✔️해설 네덜란드 544 – 156 = 388(만 톤)
중국 1,819 – 27 = 1,792(만 톤)

56 다음은 연령별로 선호하는 직업을 나타낸 표이다. 아래 표를 보고 연령별로 선호하는 직업에 대한 설명 중 맞는 것은?

(단위 : %)

구분	선생님	공무원	체인사업	직업군인
10대	34	33	9	24
20대	28	45	5	22
30대	8	33	56	3

① 30대는 체인사업을 주로 선호하는 편이나 선생님과 공무원의 선호도보다는 적다.

② 10대는 공무원을 가장 많이 선호하는 편이다.

③ 10대와 20대는 직업군인의 선호도와 공무원 선호도가 비슷하다.

④ 10대의 공무원 선호도는 33%로 직업군인보다 더 많이 선호하는 편이다.

⑤ 30대는 선생님보다 직업군인을 더 많이 선호하는 편이다.

✔️해설 ① 30대는 체인사업을 주로 선호하는 편으로 선생님과 공무원의 선호도보다 높다.
② 10대는 선생님을 가장 많이 선호하는 편이다.
③ 10대와 20대는 직업군인의 선호도는 24%와 22%로 비슷하지만, 공무원 선호도는 33%와 45%로 차이를 보인다.
⑤ 30대는 직업군인보다 선생님을 더 많이 선호하는 편이다.

| 57~58 | 설 연휴였던 지난 2월 셋째 주간(16 ~ 22일) 전국 시도별 미세먼지 농도에 대해 민간 기상업체 케이웨더와 Air korea가 발표한 분석표이다. 다음 물음에 답하시오.

지역＼일자	2/16	2/17	2/18	2/19	2/20	2/21	2/22	평균
서울	41	65	62	62	51	24	242	78
부산	54	64	59	41	26	26	37	44
대구	42	56	57	48	35	31	60	47
인천	46	68	58	48	56	34	274	83
광주	22	81	53	41	36	15	113	52
대전	18	71	63	54	48	20	108	55
울산	51	53	58	42	26	31	33	42
경기	42	70	64	64	58	31	226	79
강원	48	50	56	55	50	43	77	54
충북	26	73	69	60	53	27	126	62
충남	25	73	49	41	48	25	192	65
전북	29	83	63	49	53	24	143	63
전남	35	73	49	37	34	15	66	44
경북	39	51	56	45	34	29	57	44
경남	53	64	63	49	36	26	41	47
제주	26	116	61	33	32	18	57	49

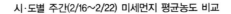

시·도별 주간(2/16~2/22) 미세먼지 평균농도 비교

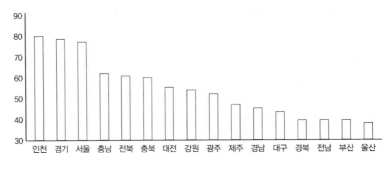

57 미지막 날이 첫날에 비해 미세먼지 농도가 가장 많이 증가한 지역은 어디인가?

① 제주   ② 강원

③ 경기   ④ 인천

⑤ 충남

> ✔ 해설   ① 31
>   ② 29
>   ③ 184
>   ④ 228
>   ⑤ 167

58 경기지역의 마지막 날의 미세먼지 농도는 첫날에 비해 몇% 높아졌다고 할 수 있는가?

① 420%   ② 426%

③ 431%   ④ 438%

⑤ 450%

> ✔ 해설 $\dfrac{226-42}{42} \times 100 ≒ 438(\%)$

59 다음 표는 2014년~2021년 어느 기업의 콘텐츠 유형별 매출액에 관한 자료이다. 이에 대한 설명으로 옳지 않은 것은?

(단위 : 백만 원)

콘텐츠 유형 / 연도	게임	음원	영화	SNS	전체
2014	235	108	371	30	744
2015	144	175	355	45	719
2016	178	186	391	42	797
2017	269	184	508	59	1,020
2018	485	199	758	58	1,500
2019	470	302	1,031	308	2,111
2020	603	411	1,148	104	2,266
2021	689	419	1,510	341	2,959

① 2015년부터 2021년까지 콘텐츠 전체 매출액은 지속적으로 증가하였다.

② 2019년 영화 매출액은 전체 매출액에서 50% 이상의 비중을 차지한다.

③ SNS 매출액은 2014년에 비해 2021년에 10배 이상 증가하였다.

④ 4개의 콘텐츠 중에서 매년 매출액이 가장 큰 것은 영화이다.

⑤ 2014년부터 2021년까지 매년 매출액이 지속적으로 증가한 콘텐츠 유형은 없다.

✔해설 ② 2019년 영화 매출액 비중 : $\frac{1,031}{2,111} \times 100 ≒ 48.8(\%)$

60 다음 표는 2012년~2021년 5개 자연재해 유형별 피해금액에 관한 자료이다. 이에 대한 설명 중 옳지 않은 것은?

(단위 : 억 원)

유형 \ 연도	2012	2013	2014	2015	2016	2017	2018	2019	2020	2021
태풍	3,416	1,385	118	1,609	9	0	1,725	2,183	8,765	17
호우	2,150	3,520	19,063	435	581	2,549	1,808	5,276	384	1,581
대설	6,739	5,500	52	74	36	128	663	480	204	113
강풍	0	93	140	69	11	70	2	0	267	9
풍랑	0	0	57	331	0	241	70	3	0	0
전체	12,305	10,498	19,430	2,518	637	2,988	4,268	7,942	9,620	1,720

① 풍랑의 피해금액이 0원인 해는 2012년, 2013년, 2016년, 2020년, 2021년이다.

② 피해금액이 매년 10억 원보다 큰 자연재해 유형은 호우와 대설이다.

③ 전체 피해금액이 가장 큰 해는 2014년이다.

④ 2019년 호우의 피해금액은 전체 피해 금액의 80% 이상이다.

⑤ 2018년 대설의 피해금액은 2012~2021년 강풍 피해금액 합계보다 작다.

✔ 해설   2018년 대설의 피해금액 : 663(억 원)
2012~2021년 강풍 피해금액 합계 : 93+140+69+11+70+2+267+9=661(억 원)

61 다음은 A대학 B학과 1학년 학생들의 2022년 한 달 평균 이동통신요금당 인원의 도수를 나타낸 표이다. ㈜에 해당하는 값은?

한 달 평균 이동통신요금	누적도수	상대도수
45,000원 미만	1	㈎
45,000원 이상 50,000원 미만	4	0.060
50,000원 이상 55,000원 미만	8	0.080
55,000원 이상 60,000원 미만	14	0.120
60,000원 이상 65,000원 미만	23	0.180
65,000원 이상 70,000원 미만	35	0.240
70,000원 이상 75,000원 미만	45	0.200
75,000원 이상 80,000원 미만	㈏	0.100
80,000원 이상	㈐	0.000

① 35
② 38
③ 40
④ 50
⑤ 60

✔ 해설 상대도수 = 해당 계급의 도수/전체 도수
상대도수의 총합은 1이다.
누적도수는 이전 계급의 누적도수 + 해당 계급의 도수
도수의 총합 = 마지막 계급의 누적도수
㈎+0.980 = 1이므로 ㈎는 0.020이다.
㈏는 $45 + \dfrac{0.100}{0.020} = 50$이다.

62 다음 자료에서 추론할 수 있는 사항으로 가장 적절한 것은?

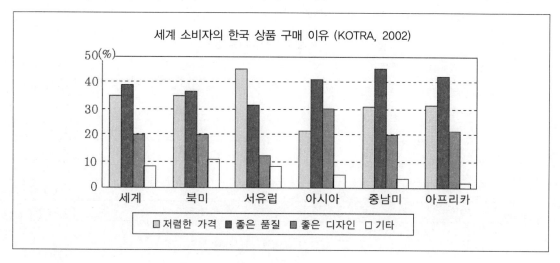

① 전체적으로 한국 상품의 가장 큰 경쟁력은 저렴한 가격이다.
② 아시아에서 한국 상품의 디자인에 대한 평가가 높은 편이다.
③ 한국 상품의 품질에 대한 반응에서 지역별 편차가 가장 크다.
④ 서유럽에서 한국 상품의 브랜드 가치 평가가 상대적으로 낮다.
⑤ 한국 상품이 지향해야 할 바는 북미와 서유럽 쪽과 같은 반응이다.

> ✔해설 ② 아시아에서 한국 상품의 디자인에 대한 평가는 30% 이상으로 가장 높다.

63 다음 표는 6개 기업의 사원 모집정원에 관한 자료이다. 신입사원으로 선발하는 인원이 경력사원으로 선발하는 인원보다 많은 기업은 어디인가?

〈계열별 신입사원 정원〉

(단위 : 명)

구분	전체	인문계열	공학계열
A기업	5,600	2,400	3,200
B기업	4,100	2,200	1,900
C기업	5,100	2,700	2,400
D기업	7,800	3,500	4,300
E기업	1,300	800	500
F기업	3,200	1,500	1,700

〈모집 방법별 신입사원 정원〉

(단위 : 명)

구분	신입사원		경력사원	
	인문계열	공학계열	인문계열	공학계열
A기업	1,200	1,600	1,200	1,600
B기업	560	420	1,640	1,480
C기업	700	660	2,000	1,740
D기업	2,300	2,800	1,200	1,500
E기업	340	240	460	260
F기업	750	770	750	930

① A기업 　　　　　　　　② B기업
③ D기업 　　　　　　　　④ E기업
⑤ F기업

✅ 해설　① 신입사원 : $1,200 + 1,600 = 2,800$ 　　　② 신입사원 : $560 + 420 = 980$
　　　　　　경력사원 : $1,200 + 1,600 = 2,800$ 　　　　　경력사원 : $1,640 + 1,480 = 3,120$
　　　　③ 신입사원 : $2,300 + 2,800 = 5,100$ 　　　④ 신입사원 : $340 + 240 = 580$
　　　　　　경력사원 : $1,200 + 1,500 = 2,700$ 　　　　　경력사원 : $460 + 260 = 720$
　　　　⑤ 신입사원 : $750 + 770 = 1,520$
　　　　　　경력사원 : $750 + 930 = 1,680$

64 다음 표는 A시역 전체 가구를 대상으로 일본원자력발전소 사고 진후의 식수조달원 변경에 대해 설문 조사한 결과이다. 사고 전에 비해 사고 후에 이용 가구 수가 감소한 식수조달원의 수는 몇 개인가?

사고 전 조달원 \ 사고 후 조달원	수돗물	정수	약수	생수
수돗물	40	30	20	30
정수	10	50	10	30
약수	20	10	10	40
생수	10	10	10	40

① 0개

② 1개

③ 2개

④ 3개

⑤ 4개

 해설

사고 전 조달원 \ 사고 후 조달원	수돗물	정수	약수	생수	합계
수돗물	40	30	20	30	120
정수	10	50	10	30	100
약수	20	10	10	40	80
생수	10	10	10	40	70
합계	80	100	50	140	

수돗물 : 120 → 80

정수 : 100 → 100

약수 : 80 → 50

생수 : 70 → 140

따라서 사고 전에 비해 사고 후에 이용 가구 수가 감소한 식수조달원은 수돗물과 약수 2개이다.

65 다음은 가구당 순자산 보유액 구간별 가구 분포에 관련된 표이다. 이 표를 바탕으로 이해한 내용으로 가장 적절한 것은?

〈가구당 순자산 보유액 구간별 가구 분포〉

(단위 : %, %p)

순자산(억 원)	가구분포		
	2020년	2021년	전년차(비)
-1 미만	0.2	0.2	0.0
-1~0 미만	2.6	2.7	0.1
0~1 미만	31.9	31.2	-0.7
1~2 미만	19.1	18.5	-0.6
2~3 미만	13.8	13.5	-0.3
3~4 미만	9.5	9.4	-0.1
4~5 미만	6.3	6.8	0.5
5~6 미만	4.4	4.6	0.2
6~7 미만	3.0	3.2	0.2
7~8 미만	2.0	2.2	0.2
8~9 미만	1.5	1.5	0.0
9~10 미만	1.2	1.2	0.0
10 이상	4.5	5.0	0.5
평균(만 원)	29,918	31,142	4.1
중앙값(만 원)	17,740	18,525	4.4

① 순자산 보유액이 많은 가구보다 적은 가구의 2021년 비중이 전년보다 더 증가하였다.

② 순자산이 많은 가구의 소득은 2020년 대비 2021년에 더 감소하였다.

③ 소수의 사람들이 많은 순자산을 가지고 있다.

④ 2021년의 순자산 보유액이 3억 원 미만인 가구는 전체의 50%가 조금 안 된다.

⑤ 1억 원 미만의 순자산을 보유한 가구의 비중은 2021년에 전혀 줄지 않았다.

2021년을 기준으로 볼 때, 중앙값이 1억 8,525만 원이며, 평균이 3억 1,142만 원임을 알 수 있다. 중앙값이 평균값에 비해 매우 적다는 것은 소수의 사람들에게 순자산 보유액이 집중되어 있다는 것을 의미한다고 볼 수 있다.

① 순자산 보유액 구간의 중간인 '4~5' 미만 기준으로 구분해 보면, 상대적으로 순자산 보유액이 많은 가구가 적은 가구보다 2021년 비중이 전년보다 더 증가하였다.

② 주어진 표로 가구의 소득은 알 수 없다.

④ 전체의 66.1%를 차지한다.

⑤ 2020년 34.7%에서 2021년 34.1%로 0.6%p 줄었다.

66 다음은 신재생 에너지 및 절약 분야 사업 현황이다. '신재생 에너지' 분야의 사업별 평균 지원액이 '절약' 분야의 사업별 평균 지원액의 5배 이상이 되기 위한 사업 수의 최대 격차는? (단, '신재생 에너지' 분야의 사업 수는 '절약' 분야의 사업 수보다 큼)

(단위 : 억 원, %, 개)

구분	신재생 에너지	절약	합
지원금(비율)	3,500(85.4)	600(14.6)	4,100(100.0)
사업 수	( )	( )	600

① 44개

② 46개

③ 48개

④ 54개

⑤ 56개

✔해설 '신재생 에너지' 분야의 사업 수를 x, '절약' 분야의 사업 수를 y라고 하면

$x + y = 600$ ······ ㉠

$\dfrac{3,500}{x} \geq 5 \times \dfrac{600}{y}$ → (양 변에 xy 곱함) → $3,500y \geq 3,000x$ ······ ㉡

㉠, ㉡을 연립하여 풀면 $y \geq 276.92 \cdots$

따라서 '신재생 에너지' 분야의 사업별 평균 지원액이 '절약' 분야의 사업별 평균 지원액의 5배 이상이 되기 위한 사업 수의 최대 격차는 '신재생 에너지' 분야의 사업 수가 323개, '절약' 분야의 사업 수가 277개일 때로 46개이다.

Answer 65.③ 66.②

67 다음은 B사의 2021년 추진 과제의 전공별 연구책임자 현황에 대한 자료이다. 전체 연구책임자 중 공학전공의 연구책임자가 차지하는 비율과 전체 연구책임자 중 의학전공의 여자 연구책임자가 차지하는 비율의 차이는? (단, 소수 둘째 자리에서 반올림한다)

(단위 : 명, %)

연구책임자 전공	남자		여자	
	연구책임자 수	비율	연구책임자 수	비율
이학	2,833	14.8	701	30.0
공학	11,680	61.0	463	19.8
농학	1,300	6.8	153	6.5
의학	1,148	6.0	400	17.1
인문사회	1,869	9.8	544	23.3
기타	304	1.6	78	3.3
계	19,134	100.0	2,339	100.0

① 51.1%p   ② 52.3%p

③ 53.5%p   ④ 54.7%p

⑤ 55.9%p

 해설 • 전체 연구책임자 중 공학전공의 연구책임자가 차지하는 비율

$$\frac{11,680+463}{19,134+2,339} \times 100 = \frac{12,143}{21,473} \times 100 ≒ 56.6\%$$

• 전체 연구책임자 중 의학전공의 여자 연구책임자가 차지하는 비율

$$\frac{400}{19,134+2,339} \times 100 = \frac{400}{21,473} \times 100 ≒ 1.9\%$$

따라서 전체 연구책임자 중 공학전공의 연구책임자가 차지하는 비율과 전체 연구책임자 중 의학전공의 여자 연구책임자가 차지하는 비율의 차이는 56.6 − 1.9 = 54.7%p이다.

68 다음은 P사의 계열사 중 철강과 시원 분야에 관한 자료이다. 다음을 이용하여 A, B, C 중 두 번째로 큰 값은? (단, 지점은 역할에 따라 실, 연구소, 공장, 섹션, 사무소 등으로 구분되며, 하나의 지점은 1천 명의 직원으로 조직된다.)

구분	그룹사	편제	직원 수(명)
철강	PO강판	1지점	1,000
	PONC	2지점	2,000
지원	PO메이트	실 10지점, 공장 A지점	( )
	PO터미날	실 5지점, 공장 B지점	( )
	PO기술투자	실 7지점, 공장 C지점	( )
	PO휴먼스	공장 6지점, 연구소 1지점	( )
	PO인재창조원	섹션 1지점, 사무소 1지점	2,000
	PO경영연구원	1지점	1,000
계		45지점	45,000

• PO터미날과 PO휴먼스의 직원 수는 같다.
• PO메이트의 공장 수는 PO휴먼스의 공장 수의 절반이다.
• PO메이트의 공장 수와 PO터미날의 공장 수를 합하면 PO기술투자의 공장 수와 같다.

① 3
② 4
③ 5
④ 6
⑤ 7

 해설 • 총 45지점이므로 $A+B+C=10$
• PO터미날과 PO휴먼스의 직원 수가 같으므로 $5+B=6+1$, ∴ $B=2$
• PO메이트의 공장 수는 PO휴먼스의 공장 수의 절반이므로 ∴ $A=6\times\frac{1}{2}=3$
• PO메이트의 공장 수와 PO터미날의 공장 수를 합하면 PO기술투자의 공장 수와 같으므로 $A+B=C$, ∴ $C=5$
따라서 $A=3$, $B=2$, $C=5$이므로 두 번째로 큰 값은 $3(A)$이다.

69 다음은 사무용 물품의 조달단가와 구매 효용성을 나타낸 것이다. 20억 원 이내에서 구매예산을 집행한다고 할 때, 정량적 기대효과 총합의 최댓값은? (단, 각 물품은 구매하지 않거나, 1개만 구매 가능하며 구매효용성 $= \dfrac{정량적\ 기대효과}{조달단가}$ 이다.)

구분 \ 물품	A	B	C	D	E	F	G	H
조달단가(억 원)	3	4	5	6	7	8	10	16
구매 효용성	1	0.5	1.8	2.5	1	1.75	1.9	2

① 35 ② 36

③ 37 ④ 38

⑤ 39

 해설

구분 \ 물품	A	B	C	D	E	F	G	H
조달단가(억 원)	3	4	5	6	7	8	10	16
구매 효용성	1	0.5	1.8	2.5	1	1.75	1.9	2
정량적 기대효과	3	2	9	15	7	14	19	32

따라서 20억 원 이내에서 구매예산을 집행한다고 할 때, 정량적 기대효과 총합이 최댓값이 되는 조합은 C, D, F로 9 + 15 + 14 = 38이다.

70 다음은 연도별 임신과 출산 관련 진료비에 관한 자료이다. 2016년 대비 2021년에 가장 높은 증가율을 보인 항목은? (단, 소수 둘째 자리에서 반올림한다)

(단위 : 억 원)

진료항목 \ 연도	2016	2017	2018	2019	2020	2021
분만	3,295	3,008	2,716	2,862	2,723	2,909
검사	97	395	526	594	650	909
임신장애	607	639	590	597	606	619
불임	43	74	80	105	132	148
기타	45	71	53	52	54	49
전체	4,087	4,187	3,965	4,210	4,165	4,634

① 분만 ② 검사

③ 임신장애 ④ 불임

⑤ 기타

 ✔ 해설

① 분만 : $\dfrac{2,909-3,295}{3,295} \times 100 \fallingdotseq -11.7\%$

② 검사 : $\dfrac{909-97}{97} \times 100 \fallingdotseq 837.1\%$

③ 임신장애 : $\dfrac{619-607}{607} \times 100 \fallingdotseq 2.0\%$

④ 불임 : $\dfrac{148-43}{43} \times 100 \fallingdotseq 244.2\%$

⑤ 기타 : $\dfrac{49-45}{45} \times 100 \fallingdotseq 8.9\%$

71 다음은 푸르미네의 에너지 사용량과 연료별 탄소배출량 및 수종(樹種)별 탄소흡수량을 나타낸 것이다. 푸르미네 가족의 월간 탄소배출량과 나무의 월간 탄소흡수량을 같게 하기 위한 나무의 올바른 조합을 고르면?

■ 푸르미네의 에너지 사용량

연료	사용량
전기	420kWh/월
상수도	40㎥/월
주방용 도시가스	60㎥/월
자동차 가솔린	160ℓ /월

■ 연료별 탄소배출량

연료	탄소배출량
전기	0.1kg/kWh
상수도	0.2kg/㎥
주방용 도시가스	0.3kg/㎥
자동차 가솔린	0.5kg/ℓ

■ 수종별 탄소흡수량

수종	탄소흡수량
소나무	14kg/그루 · 월
벚나무	6kg/그루 · 월

① 소나무 4그루와 벚나무 12그루 　　② 소나무 6그루와 벚나무 9그루

③ 소나무 7그루와 벚나무 10그루 　　④ 소나무 8그루와 벚나무 6그루

⑤ 소나무 9그루와 벚나무 4그루

✔ 해설 · 푸르미네 가족의 월간 탄소배출량은

$(420 \times 0.1) + (40 \times 0.2) + (60 \times 0.3) + (160 \times 0.5) = 42 + 8 + 18 + 80 = 148$kg이다.

· 소나무 8그루와 벚나무 6그루를 심을 경우 흡수할 수 있는 탄소흡수량은

$(14 \times 8) + (6 \times 6) = 112 + 36 = 148$kg/그루 · 월로 푸르미네 가족의 월간 탄소배출량과 같다.

72 다음은 A~E 5대의 자동차별 속성과 연료 종류별 가격에 관한 자료이다. 60km를 운행하는 데에 연료비가 가장 많이 드는 자동차는?

■ 자동차별 속성

특성 자동차	사용연료	최고시속(km/h)	연비(km/l)	연료탱크용량(l)
A	휘발유	200	10	60
B	LPG	160	8	60
C	경유	150	12	50
D	휘발유	180	20	45
E	경유	200	8	50

■ 연료 종류별 가격

연료 종류	리터당 가격(원/l)
휘발유	1,700
LPG	1,000
경유	1,500

① A

② B

③ C

④ D

⑤ E

✔ 해설 60km를 운행할 때 연료비는
① A의 연료비 : 60/10 × 1,700 = 10,200원
② B의 연료비 : 60/8 × 1,000 = 7,500원
③ C의 연료비 : 60/12 × 1,500 = 7,500원
④ D의 연료비 : 60/20 × 1,700 = 5,100원
⑤ E의 연료비 : 60/8 × 1,500 = 11,250원

73 다음은 ○○시의 시장선거에서 응답자의 종교별 후보지지 설문조사 결과이다. (다)의 값은? (단, (가)와 (나)의 응답자 수는 같다)

(단위 : 명)

후보 \ 응답자의 종교	불교	개신교	가톨릭	기타	합
A	130	(가)	60	300	( )
B	260	( )	30	350	740
C	( )	(나)	45	300	(다)
D	65	40	15	( )	( )
계	650	400	150	1,000	2,200

① 670

② 650

③ 630

④ 610

⑤ 590

✔ **해설** 빈칸을 채우면 다음과 같다.

후보 \ 응답자의 종교	불교	개신교	가톨릭	기타	합
A	130	(가) 130	60	300	(620)
B	260	(100)	30	350	740
C	(195)	(나) 130	45	300	(다) 670
D	65	40	15	(50)	(170)
계	650	400	150	1,000	2,200

74 다음은 산업재산권 유시를 위한 등록료에 관한 자료이다. 다음 중 권리 유지비용이 가장 많이 드는 것은? (단, 특허권, 실용신안권의 기본료는 청구범위의 항 수와는 무관하게 부과되는 비용으로 청구범위가 1항인 경우 기본료와 1항에 대한 가산료가 부과된다)

(단위 : 원)

구분\권리	설정등록료 (1~3년분)		연차등록료			
			4~6년차	7~9년차	10~12년차	13~15년차
특허권	기본료	81,000	매년 60,000	매년 120,000	매년 240,000	매년 480,000
	가산료 (청구범위의 1항마다)	54,000	매년 25,000	매년 43,000	매년 55,000	매년 68,000
실용신안권	가산료	60,000	매년 40,000	매년 80,000	매년 160,000	매년 320,000
	가산료 (청구범위의 1항마다)	15,000	매년 10,000	매년 15,000	매년 20,000	매년 25,000
디자인권	75,000		매년 35,000	매년 70,000	매년 140,000	매년 280,000
상표권	211,000 (10년분)		10년 연장 시 256,000			

① 청구범위가 3항인 특허권에 대한 3년간의 권리 유지
② 청구범위가 1항인 특허권에 대한 4년간의 권리 유지
③ 청구범위가 3항인 실용신안권에 대한 5년간의 권리 유지
④ 한 개의 디자인권에 대한 7년간의 권리 유지
⑤ 한 개의 상표권에 대한 10년간의 권리 유지

✔ 해설　④ 75,000 + (35,000 × 3) + 70,000 = 250,000원
　　　① 81,000 + (54,000 × 3) = 243,000원
　　　② 81,000 + 54,000 + 25,000 = 160,000원
　　　③ 60,000 + (15,000 × 3) + (10,000 × 2) = 125,000원
　　　⑤ 211,000원

Answer 73.① 74.④

▎**75~76** ▎ 다음 표는 성, 연령집단 및 교육수준별 삶의 만족도에 관한 표이다. 다음 표를 보고 물음에 답하시오.

(단위 : %)

		2016	2017	2018	2019	2020	2021
전체	전체	20.4	28.9	20.9	24.1	33.3	34.1
	만족도 점수	4.7	4.8	4.6	4.9	5.4	5.5
성별	남자	21	29.4	22.3	24.4	33.6	34.6
	여자	19.9	28.5	19.5	23.9	33	33.6
연령집단	20세 미만	25.5	35.9	23.8	36.1	47.8	48
	20 ~ 29세	22.9	31.1	23	26.1	36.1	38.9
	30 ~ 39세	23.1	33	24.1	26.1	36.4	39.6
	40 ~ 49세	18.8	28.1	22.5	25.7	34.2	36
	50 ~ 59세	16.4	24.3	19.4	21.1	28.5	27.5
	60세 이상	16.3	22.9	13.6	14.5	23.6	22.1
교육수준	초졸 이하	14.6	21	10.7	16.2	25.8	24.7
	중졸	17.1	25.7	17.1	22.1	31.1	28.8
	고졸	19	26.5	17.7	20.8	30.4	29.9
	대졸 이상	29.6	39.4	31.6	33	41.5	45.4

* 만족도 : "귀하의 생활을 전반적으로 고려할 때 현재 삶에 어느 정도 만족하십니까?"라는 질문에 대하여 "매우 만족"과 "약간 만족"의 응답비율을 합한 것

* 만족도점수 : "매우 만족"에 10점, "약간 만족"에 7.5점, "보통"에 5점, "약간 불만족"에 2.5점, "매우 불만족"에 0점을 부여하여 산출한 응답 평균 점수

75 위의 표에 대한 설명으로 옳지 않은 것은?

① 대체로 교육수준이 높을수록 삶의 만족도가 높다.

② 대체로 연령이 낮을수록 삶의 만족도가 높다.

③ 20세 미만의 경우 2021년에는 거의 과반수가 "매우 만족" 또는 "약간 만족"이라고 응답했다.

④ 전체집단의 삶의 만족도는 점점 증가하고 있다.

⑤ 만족도 점수를 보았을 때 전체집단의 평균적인 삶의 만족도는 보통 수준이다.

✔해설 ④ 전체집단의 삶의 만족도는 2018년에 감소했다.

76 2020년 응답 대상자 중 여자가 24,965(천 명)이라고 한다면, 2020년 응답 대상자 중 질문에 대하여 "매우 만족"과 "약간 만족"에 응답한 여자는 총 몇 명인가?

① 8,238,440명

② 8,238,450명

③ 8,238,460명

④ 8,238,470명

⑤ 8,238,480명

✔해설 24,965,000×0.33=8,238,450

| 77~78 | 다음 표는 가구 월평균 교통비 지출액 및 지출율에 관한 표이다. 다음 표를 보고 물음에 답하시오.

(단위 : 천 원, %)

		2016	2017	2018	2019	2020	2021
월평균 교통비 (천 원)	전체	271	295	302	308	334	322
	개인교통비	215	238	242	247	271	258
	대중교통비	56	57	60	61	63	63
교통비 지출율 (%)	전체	11.9	12.3	12.3	12.4	13.1	12.5
	개인교통비	9.4	9.9	9.8	10	10.6	10.1
	대중교통비	2.4	2.4	2.4	2.4	2.5	2.5

* 교통비 지출율 : 가구 월평균 소비지출 중 교통비가 차지하는 비율
* 개인교통비 : 자동차 구입비, 기타 운송기구(오토바이, 자전거 등) 구입비, 운송기구 유지 및 수리비(부품 및 관련 용품, 유지 및 수리비), 운송기구 연료비, 기타 개인교통서비스(운전교습비, 주차료, 통행료, 기타 개인교통) 등 포함
* 대중교통비 : 철도운송비, 육상운송비, 기타운송비(항공, 교통카드 이용, 기타 여객운송) 등 포함

77 위의 표에 대한 설명으로 옳은 것은?

① 2016년 월평균 교통비에서 개인교통비는 80% 이상을 차지한다.
② 2017년 월평균 교통비에서 대중교통비는 20% 이상을 차지한다.
③ 2018년 월평균 교통비에서 개인교통비는 80% 이상을 차지한다.
④ 전체 월평균 교통비는 해마다 증가한다.
⑤ 개인 월평균 교통비는 해마다 증가한다.

 해설 ③ 242÷302×100=80.13
① 215÷271×100=79.33
② 57÷295×100=19.32
④ 2015년에는 전체 월평균 교통비가 감소했다.
⑤ 2015년에는 개인 월평균 교통비가 감소했다.

78 2021년의 가구 월평균 소비지출은 얼마인가?

① 2,572,000원
② 2,573,000원
③ 2,574,000원
④ 2,575,000원
⑤ 2,576,000원

가구 월평균 소비지출 중 교통비가 차지하는 비율이 교통비 지출율이므로 이를 이용해서 2021년 가구 월평균 소비지출을 구할 수 있다.

2021년 가구 월평균 소비지출 $= \dfrac{322,000}{0.125} = 2,576,000$원

79 다음은 OECD 가입 국가별 공공도서관을 비교한 표이다. 다음 중 바르게 설명한 것을 고르면?

국명	인구수	도서관수	1관당 인구수	장서수	1인당 장서수	기준년도
한국	49,268,928	607	81,168	54,450,217	1.11	2007
미국	299,394,900	9,198	31,253	896,786,000	3.1	2005
영국	59,855,742	4,549	13,158	107,654,000	1.8	2005
일본	127,998,984	3,111	41,144	356,710,000	2.8	2006
프랑스	60,798,563	4,319	14,077	152,159,000	2.51	2005
독일	82,505,220	10,339	7,980	125,080,000	1.5	2005

> ㉠ 2007년 우리나라 공공도서관 수는 607개관으로 8만 1천명 당 1개관 수준으로 국제 간 비교 도서관 수와 이용자 서비스의 수준이 떨어진다.
> ㉡ 우리나라의 1관당 인구수가 미국 대비 약 2.5배, 일본 대비 약 2배로 도서관 수가 OECD 선진국 대비 현저히 부족하다.
> ㉢ 우리나라의 도서관수는 현재 미국이나, 일본의 2분의 1 수준이나 영국 등과는 비슷한 수준이다.
> ※ 단, 수치는 백의 자리에서 버림, 소수 둘째자리에서 반올림한다.

① ㉠, ㉢   ② ㉠, ㉡
③ ㉡, ㉢   ④ ㉡, ㉣
⑤ ㉢, ㉣

㉢ 미국이나 일본의 2분의 1 수준에도 미치지 못한다.

Answer   77.③   78.⑤   79.②

80 다음 제시된 〈도표〉는 외국인 직접투자의 '투자건수 비율'과 '투자금액 비율'을 투자규모에 따라 정리한 자료이다. 이에 대한 설명으로 옳은 것을 고르면?

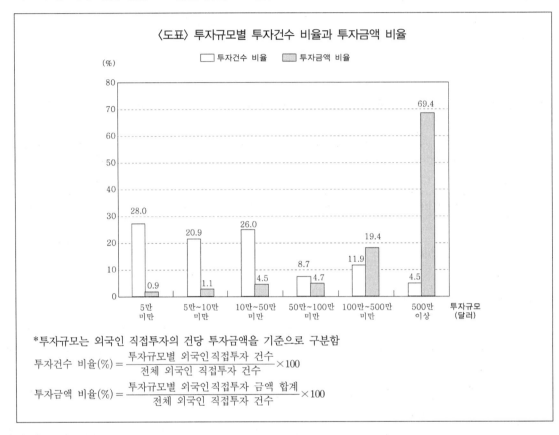

〈도표〉 투자규모별 투자건수 비율과 투자금액 비율

*투자규모는 외국인 직접투자의 건당 투자금액을 기준으로 구분함

$$투자건수\ 비율(\%) = \frac{투자규모별\ 외국인\ 직접투자\ 건수}{전체\ 외국인\ 직접투자\ 건수} \times 100$$

$$투자금액\ 비율(\%) = \frac{투자규모별\ 외국인\ 직접투자\ 금액\ 합계}{전체\ 외국인\ 직접투자\ 건수} \times 100$$

① 투자규모가 50만 달러 미만인 투자건수 비율은 75 % 이상이다.

② 투자규모가 100만 달러 이상인 투자금액 비율은 85 % 이하이다.

③ 투자규모가 100만 달러 이상인 투자건수는 5만 달러 미만의 투자건수보다 적다.

④ 투자규모가 100만 달러 이상인 투자건수는 전체 외국인 직접 투자건수의 25 % 이상이다.

⑤ 투자규모가 100만 달러 이상 500만 달러 미만인 투자금액 비율은 50만 달러 미만의 투자금액 비율보다 적다.

✔해설 ③ 100만 달러 이상의 투자건수 비율은 16.4%(= 11.9 + 4.5), 5만 달러 미만의 투자건수 비율 28 %보다 적다.
① 투자규모가 50만 달러 미만인 투자건수 비율은 74.9 %(= 28 + 20.9 + 26)이다.
② 투자규모가 100만 달러 이상인 투자금액 비율은 88.8 %(= 19.4 + 69.4)이다.
④ 100만 달러 이상의 투자건수 비율은 16.4 %(= 11.9 + 4.5)이다.
⑤ 100만 달러 이상 500만 달러 미만인 투자금액 비율은 19.4 %이고, 50만 달러 미만의 투자금액 비율은 6.5 %(= 0.9 + 1.1 + 4.5)이다.

도해

┃1~10┃ 다음에 제시된 정사각형들은 한 부분은 단독으로 회전이 가능하고, 나머지 세 부분은 고정되어 있다. 이 정사각형들을 자유롭게 결합해 큰 정사각형 하나로 만든다고 할 때, 나올 수 없는 것을 고르시오. (단, 제시된 정사각형들은 결합 시 회전시킬 수 있다)

1

①

②

③

④

⑤

✔**해설** ④ 제시된 네 개의 정사각형을 왼쪽부터 1, 2, 3, 4라고 할 때, 2번 정사각형의 2, 3사분면이 둘 다 회전하였다.
① 1, 2, 3번 정사각형의 3사분면이 회전하였다.
② 1번 정사각형이 180° 회전하여 결합하였으며, 1번 정사각형의 2사분면, 2번 정사각형의 4사분면, 3번 정사각형의 2사분면, 4번 정사각형의 4사분면이 회전하였다.
③ 2번 정사각형은 시계방향으로 90°, 3번 정사각형은 반시계방향으로 90°, 4번 정사각형은 180° 회전하여 결합하였으며, 1번 정사각형의 3사분면, 2번 정사각형의 4사분면, 3번 정사각형의 4사분면이 회전하였다.
⑤ 3번 정사각형이 반시계방향으로 90° 회전하여 결합하였으며, 1번 정사각형의 3사분면, 2번 정사각형의 4사분면, 3번 정사각형의 4사분면이 회전하였다.

Answer 80.③ / 1.④

2

① [grid image]

② [grid image]

③ [grid image]

④ [grid image]

⑤ [grid image]

✔해설 ② 제시된 네 개의 정사각형을 왼쪽부터 1, 2, 3, 4라고 할 때, 2, 3, 4번 정사각형이 시계방향으로 90°
회전하여 결합하였다. 단, 3번 정사각형의 3, 4사분면이 둘 다 회전하였다.

① 1, 2번 정사각형이 반시계방향으로 90° 회전하여 결합하였으며, 2번 정사각형은 1사분면, 3번 정사
각형은 3사분면, 4번 정사각형은 2사분면이 회전하였다.

③ 1번 정사각형은 180°, 4번 정사각형은 시계방향으로 90° 회전하여 결합하였으며, 2, 4번 정사각형의
2사분면이 회전하였다.

④ 1, 2, 3, 4번 정사각형 모두 시계방향으로 90° 회전하여 결합하였다.

⑤ 1, 2, 3, 4번 정사각형 모두 반시계방향으로 90° 회전하여 결합하였으며, 2번 정사각형의 1사분면,
3번 정사각형의 4사분면이 회전하였다.

3

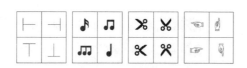

①

②

③

④

⑤

✔ 해설 ③ 제시된 네 개의 정사각형을 왼쪽부터 1, 2, 3, 4라고 할 때, 1번 정사각형은 반시계방향으로 90°, 4번 정사각형은 시계방향으로 90° 회전하여 결합하였다. 단, 3번 정사각형의 2, 3사분면이 둘 다 회전하였다.

① 1, 2번 정사각형은 180°, 4번 정사각형은 시계방향으로 90° 회전하여 결합하였으며, 2번 정사각형의 2사분면, 3번 정사각형의 3사분면, 4번 정사각형의 4사분면이 회전하였다.

② 1번 정사각형은 반시계방향으로 90°, 2, 3번 정사각형은 180° 회전하여 결합하였으며, 4번 정사각형의 3사분면이 회전하였다.

④ 1, 2, 3, 4번 정사각형 모두 180° 회전하여 결합하였다.

⑤ 1, 2, 3, 4번 정사각형 모두 180° 회전하여 결합하였으며, 2번 정사각형의 3사분면, 3번 정사각형의 2사분면이 회전하였다.

4

①

②

③

④

⑤

✔해설 ⑤ 제시된 네 개의 정사각형을 왼쪽부터 1, 2, 3, 4라고 할 때, 1, 2, 4번 정사각형은 시계방향으로 90°, 3번 정사각형은 반시계방향으로 90° 회전하여 결합하였다. 단, 3번 정사각형의 2사분면의 모양은 어떻게 회전시키더라도 나올 수 없는 모양이다.

① 1, 2번 정사각형은 시계방향으로 90°, 3, 4번 정사각형은 반시계방향으로 90° 회전하여 결합하였으며, 1, 2번 정사각형의 1사분면이 회전하였다.

② 1, 2번 정사각형의 3사분면이 회전하였다.

③ 1, 2번 정사각형은 반시계방향으로 90°, 3, 4번 정사각형은 시계방향으로 90° 회전하여 결합하였으며, 2번 정사각형의 1사분면이 회전하였다.

④ 1, 4번 정사각형이 180° 회전하여 결합하였으며, 2번 정사각형의 3사분면이 회전하였다.

5

①

②

③

④

⑤

해설 ① 제시된 네 개의 정사각형을 왼쪽부터 1, 2, 3, 4라고 할 때, 2번 정사각형은 시계방향으로 90°, 3번 정사각형은 반시계방향으로 90° 회전하여 결합하였다. 단, 4번 정사각형의 1사분면과 3사분면의 모양이 바뀌었다.

② 1번 정사각형은 시계방향으로 90°, 2번 정사각형은 180° 회전하여 결합하였으며, 3번 정사각형의 2사분면, 4번 정사각형의 4사분면이 회전하였다.

③ 1, 2, 3, 4번 정사각형이 반시계방향으로 90° 회전하여 결합하였다.

④ 1번 정사각형의 1사분면, 3번 정사각형의 4사분면, 4번 정사각형의 3사분면이 회전하였다.

⑤ 1, 2, 3, 4번 정사각형이 180° 회전하여 결합하였다.

Answer 4.⑤ 5.①

6

①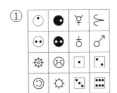

②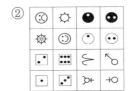

③

④

⑤

✔해설 ② 제시된 네 개의 정사각형을 왼쪽부터 1, 2, 3, 4라고 할 때, 1, 2, 3, 4번 정사각형 모두 반시계방향
으로 90° 회전하여 결합하였다. 단, 2번 정사각형의 1사분면과 4사분면이 둘 다 회전하였다.

① 1번 정사각형의 4사분면, 2번 정사각형의 2사분면, 3번 정사각형의 3사분면, 4번 정사각형의 1사분
면이 회전하였다.

③ 1번 정사각형은 반시계방향으로 90°, 4번 정사각형은 시계방향으로 90° 회전하여 결합하였으며, 2,
3번 정사각형의 1사분면이 회전하였다.

④ 2번 정사각형이 180° 회전하여 결합하였으며, 3번 정사각형의 3사분면이 회전하였다.

⑤ 회전 없이 모두 그대로 결합하였다.

7

①

②

③

④

⑤

✔해설 ① 제시된 네 개의 정사각형을 왼쪽부터 1, 2, 3, 4라고 할 때, 2번 정사각형의 2, 3사분면이 둘 다 회전하였다.

② 1번 정사각형이 180° 회전하여 결합하였으며, 1번 정사각형의 2사분면, 2번 정사각형의 4사분면, 3번 정사각형의 1사분면이 회전하였다.

③ 2번 정사각형은 시계방향으로 90°, 3번 정사각형은 반시계방향으로 90°, 4번 정사각형은 180° 회전하여 결합하였다.

④ 1, 2, 3번 정사각형의 4사분면이 회전하였다.

⑤ 3번 정사각형이 반시계방향으로 90° 회전하여 결합하였으며, 1번 정사각형의 1사분면, 2번 정사각형의 4사분면, 4번 정사각형의 4사분면이 회전하였다.

8

①
②
③
④
⑤

✔해설 ③ 제시된 네 개의 정사각형을 왼쪽부터 1, 2, 3, 4라고 할 때, 2, 3번 정사각형이 시계방향으로 90°
　　　회전하여 결합하였다. 단, 3번 정사각형의 3, 4사분면이 둘 다 회전하였다.

　　① 1, 2번 정사각형이 반시계방향으로 90° 회전하여 결합하였으며, 2번 정사각형은 1사분면, 3번 정사
　　　각형은 3사분면, 4번 정사각형은 2사분면이 회전하였다.

　　② 1번 정사각형이 180° 회전하여 결합하였으며, 2, 4번 정사각형의 2사분면이 회전하였다.

　　④ 1, 2, 3번 정사각형이 시계방향으로 90° 회전하여 결합하였다.

　　⑤ 1, 2, 3번 정사각형이 반시계방향으로 90° 회전하여 결합하였으며, 2번 정사각형의 1사분면, 3번 정
　　　사각형의 4사분면이 회전하였다.

9

①

②

③

④

⑤

✔ 해설 ④ 제시된 네 개의 정사각형을 왼쪽부터 1, 2, 3, 4라고 할 때, 1번 정사각형은 반시계방향으로 90˚, 4 번 정사각형은 시계방향으로 90˚ 회전하여 결합하였다. 단, 3번 정사각형의 2, 3사분면이 둘 다 회 전하였다.

① 1, 2번 정사각형은 180˚, 4번 정사각형은 시계방향으로 90˚ 회전하여 결합하였으며, 3번 정사각형의 3사분면, 4번 정사각형의 4사분면이 회전하였다.

② 1, 2, 3, 4번 정사각형 모두 180˚ 회전하여 결합하였다.

③ 1번 정사각형은 반시계방향으로 90˚, 2, 3번 정사각형은 180˚ 회전하여 결합하였으며, 4번 정사각형의 3사분면이 회전하였다.

⑤ 1, 2, 3, 4번 정사각형 모두 180˚ 회전하여 결합하였으며, 2번 정사각형의 3사분면, 3번 정사각형의 2사분면이 회전하였다.

10

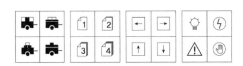

①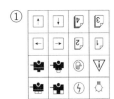

②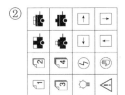

③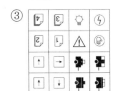

④

⑤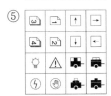

✔해설 ⑤ 제시된 네 개의 정사각형을 왼쪽부터 1, 2, 3, 4라고 할 때, 2번 정사각형은 시계방향으로 90°, 3번 정사각형은 반시계방향으로 90° 회전하여 결합하였다. 단, 4번 정사각형의 1사분면과 3사분면의 모양이 바뀌었다.

① 1, 2, 3, 4번 정사각형이 180° 회전하여 결합하였다.

② 1, 2, 3, 4번 정사각형이 반시계방향으로 90° 회전하여 결합하였다.

③ 1번 정사각형은 시계방향으로 90°, 2번 정사각형은 180° 회전하여 결합하였으며, 3번 정사각형의 2사분면, 4번 정사각형의 4사분면이 회전하였다.

④ 1번 정사각형의 1사분면, 2번 정사각형의 2사분면, 3번 정사각형의 3사분면, 4번 정사각형의 4사분면이 회전하였다.

- 예제 -

[변환]

⇨⇨	1열을 2열로 복제
⇩⇩	1행을 2행으로 복제
⤻	가운데를 기준으로 반시계방향으로 한 칸씩 이동
⇧⇩	1행과 3행을 교환

[비교]

□	해당 칸의 최초 도형과 '모양'을 비교
◁	해당 칸의 최초 도형과 모양이 같으면 1열씩 왼쪽으로 이동
△	해당 칸의 최초 도형과 모양이 다르면 1행씩 위로 이동
■	해당 칸의 최초 도형과 '색깔'을 비교
◐	해당 칸의 최초 도형과 색깔이 같으면 해당 행 색 반전
◒	해당 칸의 최초 도형과 색깔이 다르면 해당 열 색 반전

[예시]

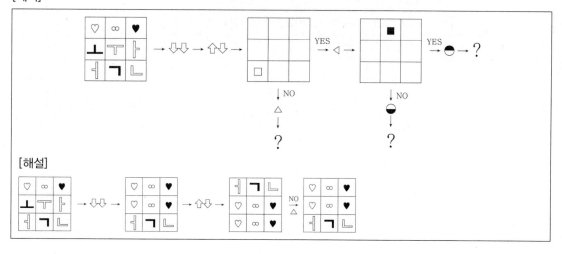

[해설]

▎11~20▎ 제시된 도형을 아래의 [변환] 규칙과, [비교] 규칙에 따라 변환시킨다고 할 때, '?'에 들어갈 도형으로 알맞은 것을 고르시오.

[변환]

▶	2열을 3열로 복제
▼	1행을 2행으로 복제
◑	가운데를 기준으로 반시계 방향으로 한 칸씩 이동
⇕	1행과 2행을 교환

[비교]

◇	해당 칸의 최초 도형과 '모양'을 비교
◆	해당 칸의 최초 도형과 '색깔'을 비교
▷	해당 칸의 최초 도형과 모양이 같으면 1열씩 오른쪽으로 이동
▽	해당 칸의 최초 도형과 모양이 다르면 1행씩 아래로 이동
□	해당 칸의 최초 도형과 색깔이 같으면 해당 열 색 반전
■	해당 칸의 최초 도형과 색깔이 다르면 해당 행 색 반전

11

YES

NO

?

?

①

②

③

④

⑤

✔ 해설

YES

12

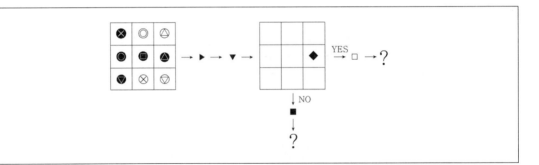

①
⊗	○	△
●	⊗	▲
▽	⊗	▽

②
■	▲	●
○	⊗	⊗
○	●	■

③
⊗	▼	●
▼	○	■
■	▼	○

④
⊗	○	○
⊗	●	●
▼	⊗	⊗

⑤
▲	⊗	●
⊗	○	○
●	▼	■

✔ 해설

⊗	○	△
●	■	▲
▼	⊗	▽

→ ▶ →

⊗	○	○
●	●	■
▼	⊗	⊗

→ ▼ →

⊗	○	○
⊗	○	○
▼	⊗	⊗

$\xrightarrow{NO}$ ■ →

⊗	○	○
⊗	●	●
▼	⊗	⊗

13

YES

↓ NO

?

?

①

②

③

④

⑤

YES

14

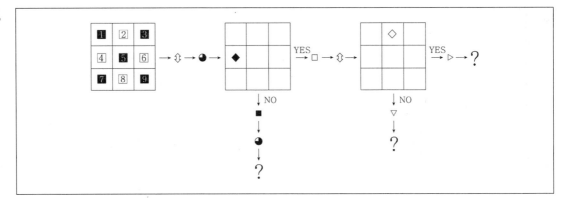

①
9	2	1
6	8	3
7	4	5

②
9	4	2
3	5	6
8	1	7

③
9	7	4
5	3	2
6	8	1

④
3	7	6
8	4	5
1	2	9

⑤
8	4	9
2	6	1
5	7	3

✔ 해설

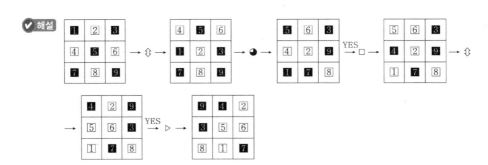

15

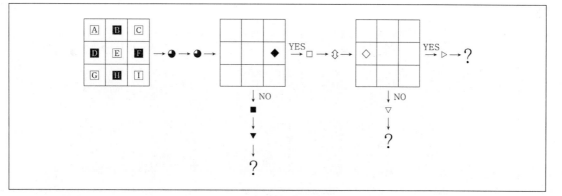

①
G	A	D
H	B	E
I	C	F

②
E	H	B
F	I	C
D	G	A

③
D	G	A
E	H	B
F	I	C

④
C	F	I
A	D	G
B	E	H

⑤
A	D	G
B	E	H
C	F	I

✔ 해설

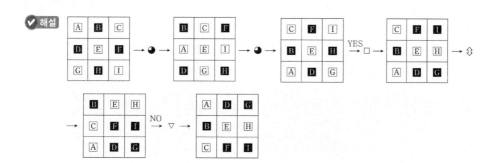

16

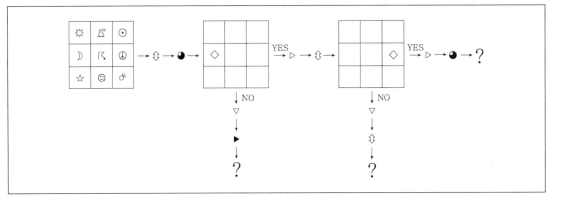

①
☺	⊕	☆
↖	♂	☽
☼	🔔	☉

②
♂	☽	↖
🔔	☉	☼
⊕	☆	☺

③
☉	☼	🔔
☆	☺	⊕
☽	↖	♂

④
🔔	☉	☼
⊕	☆	☺
♂	☽	↖

⑤
☆	☺	⊕
☽	↖	♂
☉	☼	🔔

해설

☼	🔔	☉
☽	↖	⊕
☆	☺	♂
→ ↕ →
☽	↖	⊕
☼	🔔	☉
☆	☺	♂
→ ◑ →
↖	⊕	☉
☽	🔔	♂
☼	☆	☺
→ YES ▷ →
☉	↖	⊕
♂	☽	🔔
☺	☼	☆
→ ↕

→
♂	☽	🔔
☉	↖	⊕
☺	☼	☆
→ YES ▷ →
🔔	♂	☽
⊕	☉	↖
☆	☺	☼
→ ◑ →
♂	☽	↖
🔔	☉	☼
⊕	☆	☺

17

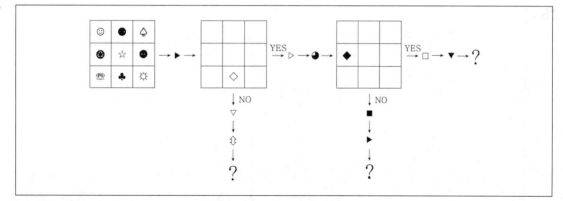

①
☻	●	☆
☻	●	☆
★	♣	☎

②
☆	☻	●
☎	★	♣
☎	★	♣

③
★	♣	☎
☻	●	☆
★	♣	☎

④
●	☆	☻
♣	☎	★
♣	☎	★

⑤
♣	☎	★
●	☆	☻
♣	☎	★

✔ 해설

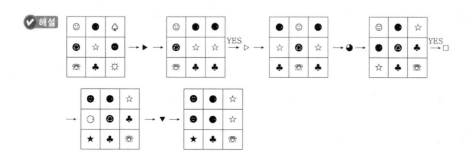

18

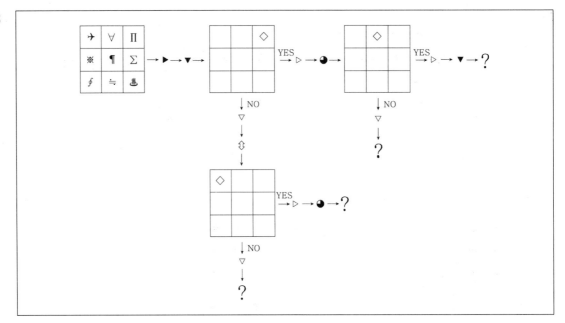

①
∀	✈	∀
¶	※	¶
≒	∮	≒

②
✈	∀	∀
※	¶	¶
∮	≒	≒

③
∀	✈	∀
≒	∮	≒
∀	✈	∀

④
∮	≒	≒
✈	∀	∀
✈	∀	∀

⑤
✈	∀	≒
∀	∮	∀
≒	∀	✈

✅ 해설

✈	∀	Π
※	¶	Σ
∮	≒	♨

→ ▶ →

✈	∀	∀
※	¶	¶
∮	≒	≒

→ ▼ →

✈	∀	∀
✈	∀	∀
∮	≒	≒

→ NO → ▽ →

∮	≒	≒
✈	∀	∀
✈	∀	∀

→ ↕

→

✈	∀	∀
∮	≒	≒
✈	∀	∀

→ YES → ▷ →

∀	✈	∀
≒	∮	≒
∀	✈	∀

→ ● →

✈	∀	≒
∀	∮	∀
≒	∀	✈

19

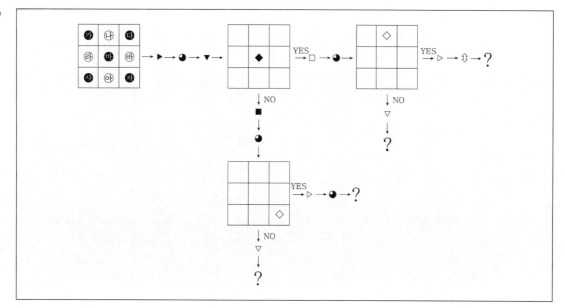

①
낭	낭	마
낭	낭	마
란	사	양

②
낭	낭	마
가	마	양
란	사	양

③
낭	란	사
낭	마	마
낭	낭	양

④
낭	마	마
낭	낭	양
낭	란	사

⑤
란	사	양
낭	마	마
낭	낭	양

✔ 해설

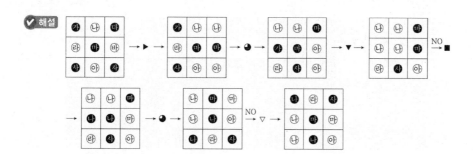

20

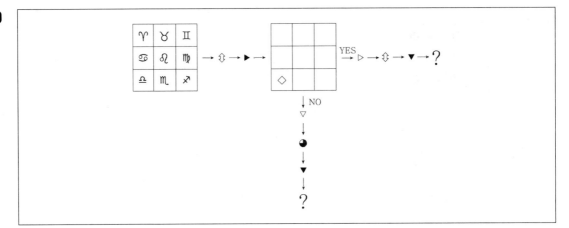

①
♉	♈	♉
♏	♎	♏
♉	♈	♉

②
♌	♋	♌
♉	♈	♉
♏	♎	♏

③
♏	♎	♏
♉	♈	♉
♉	♈	♉

④
♉	♈	♉
♉	♈	♉
♏	♎	♏

⑤
♋	♌	♌
♈	♉	♉
♎	♏	♏

✔ 해설

♈	♉	♊
♋	♌	♍
♎	♏	♐
→ ↕ →
♋	♌	♍
♈	♉	♊
♎	♏	♐
→ ▶ →
♋	♌	♌
♈	♉	♉
♎	♏	♏
→YES ▷ →
♌	♋	♌
♉	♈	♉
♏	♎	♏
→ ↕

→
♉	♈	♉
♌	♋	♌
♏	♎	♏
→ ▼ →
♉	♈	♉
♉	♈	♉
♏	♎	♏

┃21~30┃ 다음 제시된 도형의 규칙이 다음과 같을 때, 규칙을 적용한 결과로 알맞은 것을 고르시오.

[규칙1] 1열과 3열의 도형 위치를 바꾼다.

　　　　1열과 3열의 세로 연결선이 있다면 이 위치 역시 바꾼다.

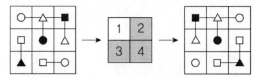

[규칙2] 도형을 제외한 연결선만 시계방향으로 90° 회전시킨다.

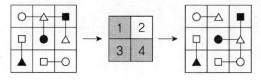

[규칙3] 도형의 색을 반전한다. 연결선은 반전하지 않는다.

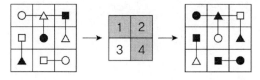

[규칙4] 연결선만 반전한다.

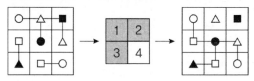

Answer　20.④

21

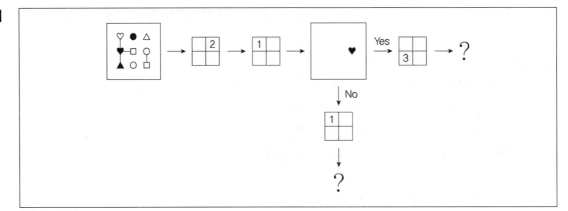

①
②
③
④
⑤

해설 각 도형을 숫자로 바꾼 뒤 모양을 생각한다. 색 반전은 ①과 같이 바꾼다.

$$\begin{matrix} 1 & 2 & 3 \\ 4 & 5 & 6 \\ 7 & 8 & 9 \end{matrix} \xrightarrow{2} \begin{matrix} 1\!-\!2\!-\!3 \\ 4 & 5 & 6 \\ 7\!-\!8 & 9 \end{matrix} \xrightarrow{1} \begin{matrix} 3\!-\!2\!-\!1 \\ 6 & 5 & 4 \\ 9\!-\!8 & 7 \end{matrix} \xrightarrow[3]{Yes} \begin{matrix} ③\!-\!②\!-\!① \\ ⑥ & ⑤ & ④ \\ ⑨\!-\!⑧ & ⑦ \end{matrix}$$

22

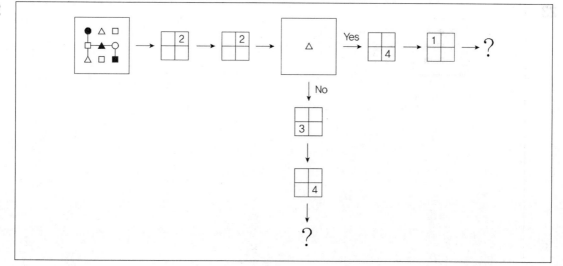

①

①

②

③

④

⑤

✔해설

$$\begin{array}{ccc}1 & 2 & 3\\4-5-6\\7 & 8 & 9\end{array}$$ → 2 → $$\begin{array}{c}1-2-3\\456\\7-89\end{array}$$ → 2 → $$\begin{array}{ccc}1 & 2 & 3\\4-5-6\\7 & 8 & 9\end{array}$$ → No 3 → ①②③ ④⑤⑥ ⑦⑧⑨ → 4 → ①②③ ④⑤⑥ ⑦⑧⑨

23

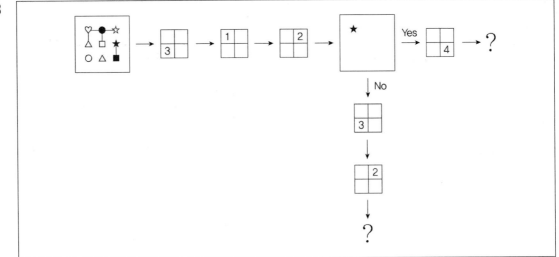

①

②

③

④

⑤

24

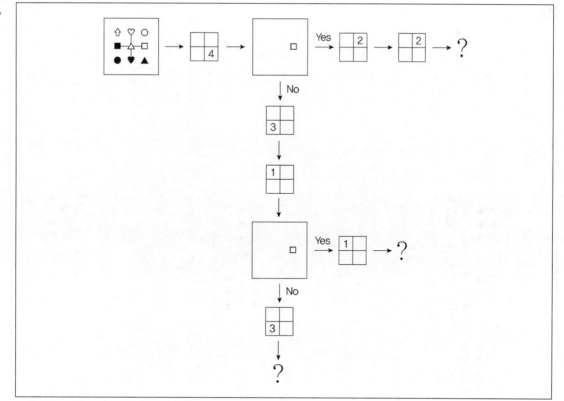

①
②
③
④
⑤

✔ 해설

```
1 2 3          1-2-3          1-2-3          1-2-3
4-5-6    4    4 5 6    Yes    4 5 6    2     4 5 6
7 8 9    →    7-8-9    2 →    7-8-9    →     7-8-9
```

25

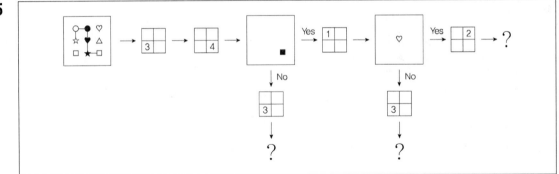

①

② ③ ④ ⑤

✔해설

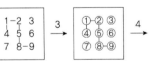

26

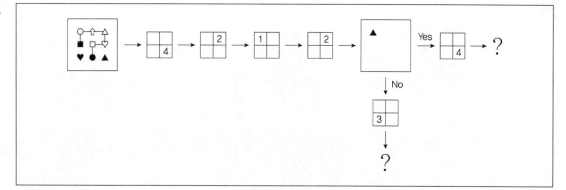

①

② ③ ④

⑤

✔ 해설

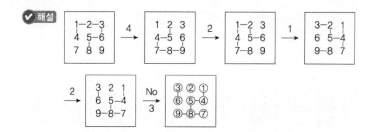

27

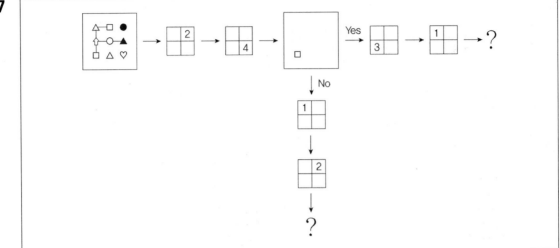

①

②

③

④

⑤

✔해설

1－2 3		1－2－3		1 2 3		①②③		③②①
4－5－6	2	4 5 6	4	4－5－6	Yes	④⑤⑥	1	⑥⑤④
7 8 9		7 8 9		7－8－9	3	⑦⑧⑨		⑨⑧⑦

28

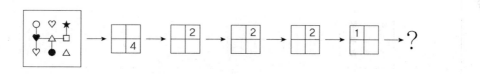

①

②

③

④

⑤

✔ 해설

$$\begin{matrix} 1 & 2 & 3 \\ 4-5-6 \\ 7 & 8 & 9 \end{matrix} \quad \xrightarrow{4} \quad \begin{matrix} 1-2-3 \\ 4 & 5 & 6 \\ 7-8-9 \end{matrix} \quad \xrightarrow{2} \quad \begin{matrix} 1 & 2 & 3 \\ 4 & 5-6 \\ 7-8 & 9 \end{matrix} \quad \xrightarrow{2} \quad \begin{matrix} 1-2-3 \\ 4 & 5 & 6 \\ 7-8-9 \end{matrix}$$

$$\xrightarrow{2} \quad \begin{matrix} 1 & 2-3 \\ 4-5 & 6 \\ 7 & 8 & 9 \end{matrix} \quad \xrightarrow{1} \quad \begin{matrix} 3 & 2-1 \\ 6-5 & 4 \\ 9 & 8 & 7 \end{matrix}$$

29

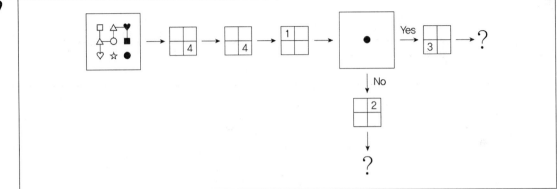

①
♥ △─□
■─○ △
●─☆ ♡

②
♥─△ □
■─○ △
●─☆ ♡

③
♥ △─□
■─○─△
● ☆ ♡

④
♥ △─□
■─○─△
●─☆ ♡

⑤
♥─△ □
■─○ △
● ☆ ♡

✔해설

1 2─3		1─2 3		1 2─3		3 2─1		3 2─1
4─5 6	4	4 5─6	4	4─5 6	1	6─5 4	No	6 5─4
7 8 9	→	7─8─9	→	7 8 9	→	9 8 7	2→	9─8─7

30

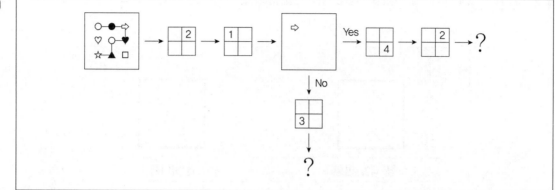

①

②

③

④

⑤

▌31~35▌ 다음에 제시되는 도형의 규칙을 적용하여 마지막에 제시되어야 하는 도형을 고르시오.

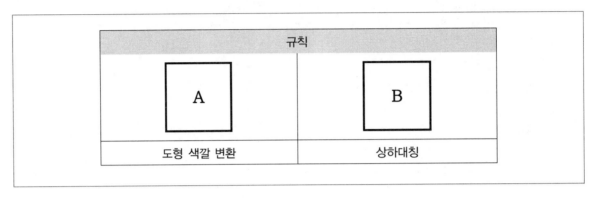

규칙	
A	B
도형 색깔 변환	상하대칭

31

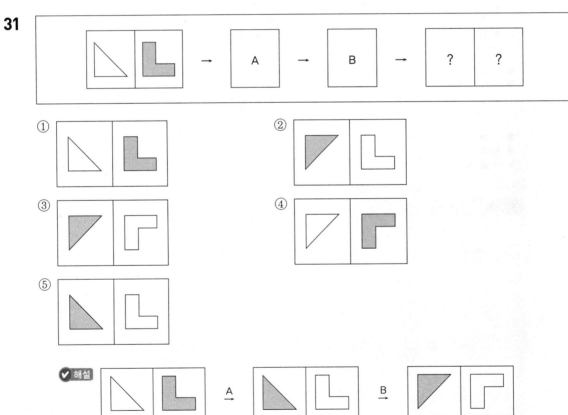

32

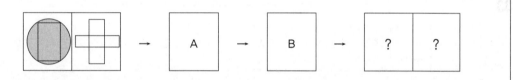

①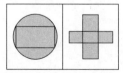

②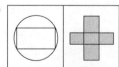

③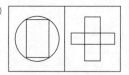

④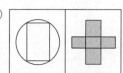

⑤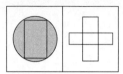

✔ 해설

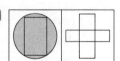 $\xrightarrow{A}$ 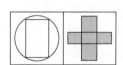 $\xrightarrow{B}$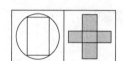

33

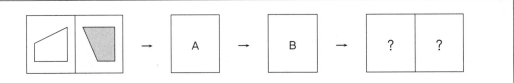

①

②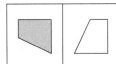

③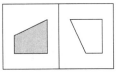

④

⑤

✔ 해설 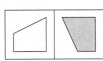 $\xrightarrow{A}$ 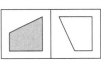 $\xrightarrow{B}$

34

① ② ③ ④ ⑤

✔해설

35

① 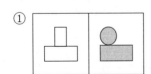 ②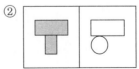

③ 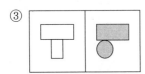 ④

⑤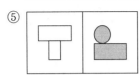

✔ 해설 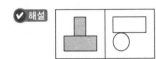 $\xrightarrow{B}$ 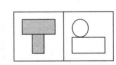 $\xrightarrow{A}$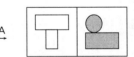

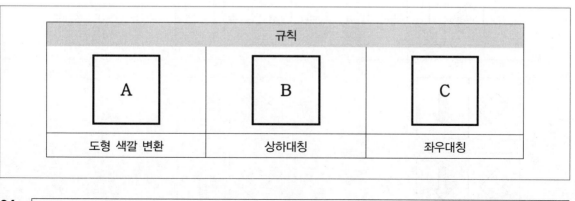

36

① ② ③ ④ ⑤

✔ 해설

37

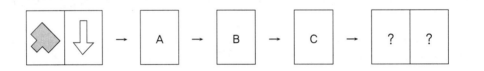

①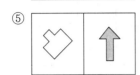

②

③

④

⑤

✔ 해설

38

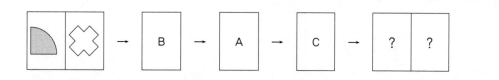

①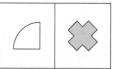

②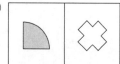

③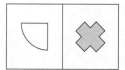

④

⑤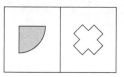

해설

39

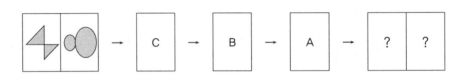

①

②

③

④

⑤

✔해설

40

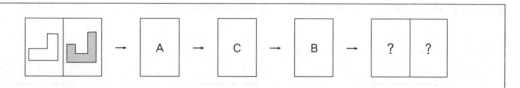

①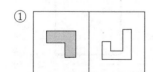

②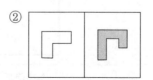

③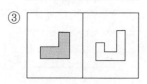

④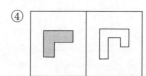

⑤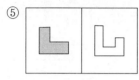

✔ 해설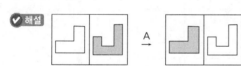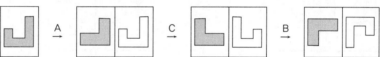

│ 41~45 │ 다음에 제시되는 도형의 규칙을 적용하여 마지막에 제시되어야 하는 도형을 고르시오.

규칙		
A	B	C
도형 색깔 변환	상하대칭	좌우대칭

41

①   ②

③   ④

⑤

✔ 해설

42

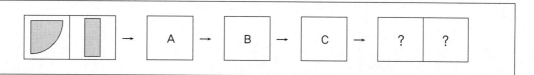

①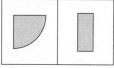

②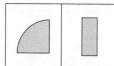

③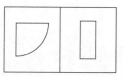

④

⑤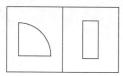

✓해설

 →A →B →C

43

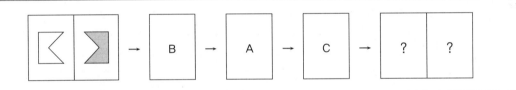

①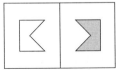

②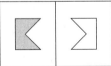

③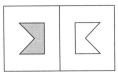

④

⑤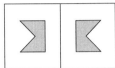

44

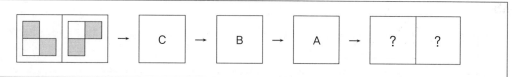

①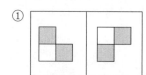

②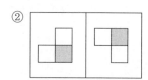

③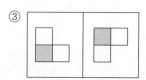

④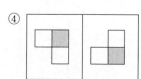

⑤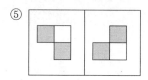

✔ 해설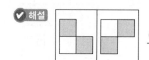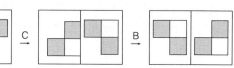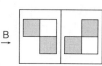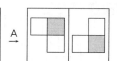

45

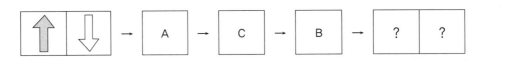

①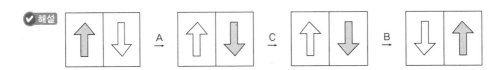

②

③

④

⑤

✔ 해설

| 46~50 | 다음 제시된 두 도형을 결합했을 때 만들 수 없는 형태를 고르시오.

46

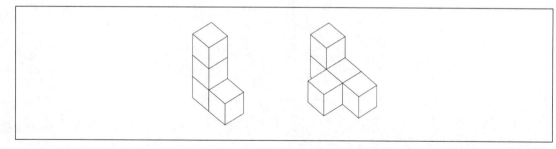

①

②

③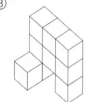

④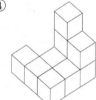

⑤

✔ 해설 ④

47

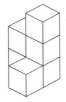

①

②

③

④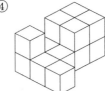

⑤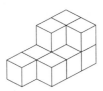

✔ 해설 ⑤

48

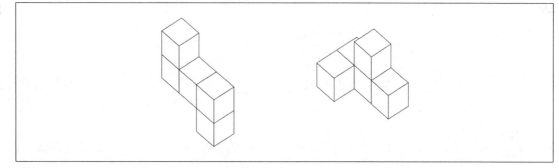

①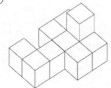

②

③

④

⑤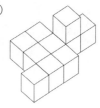

✔해설 ③

49

①

②

③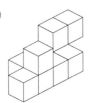

④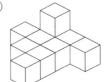

⑤

✔해설 ⑤

50

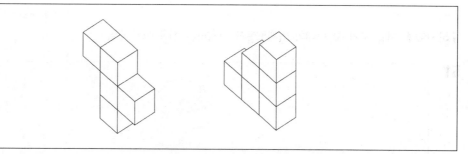

①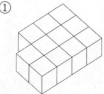

②

③

④

⑤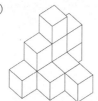

✔ 해설 ①

※ 50~60번 문제는 해설이 없습니다.

▌51~60▐ 다음 보기 중 아래의 입체도형과 일치하는 것을 고르시오.

51

①

②

③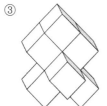

④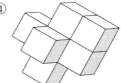

⑤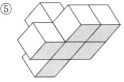

52

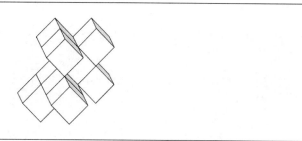

①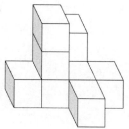

②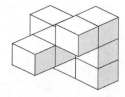

③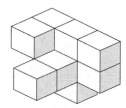

④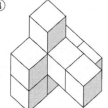

⑤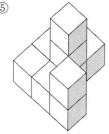

53

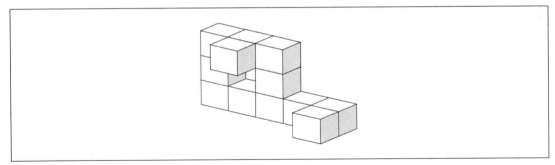

①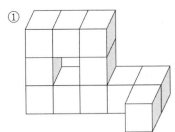

②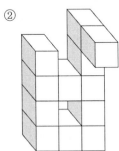

③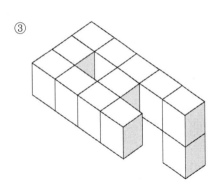

④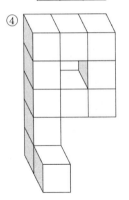

⑤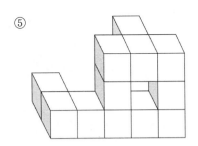

54

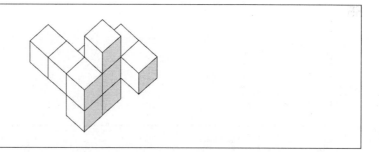

①

②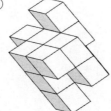

③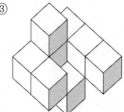

④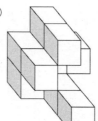

⑤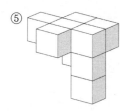

55

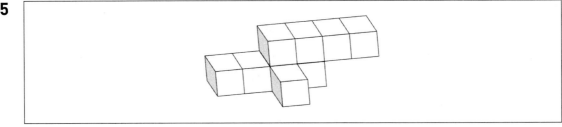

①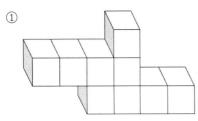

②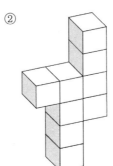

③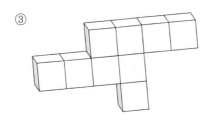

④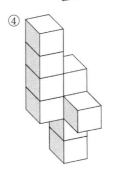

⑤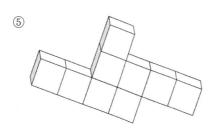

56

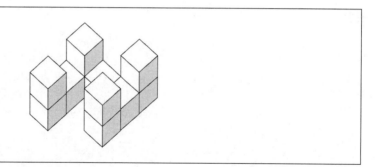

①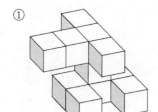

②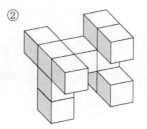

③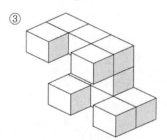

④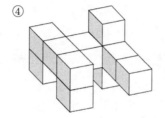

⑤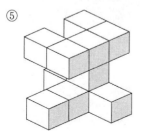

57

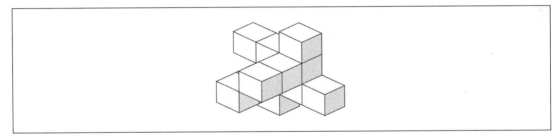

①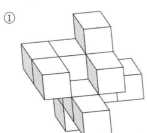

②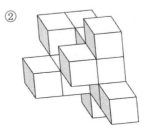

③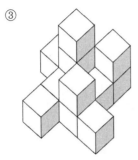

④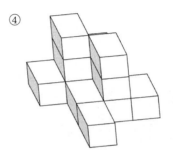

⑤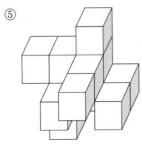

58

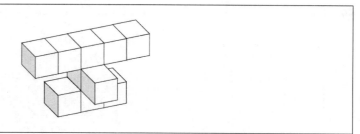

①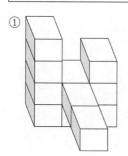

②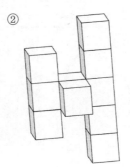

③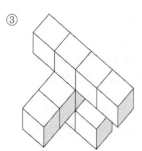

④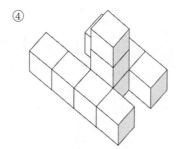

⑤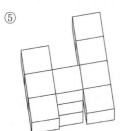

59

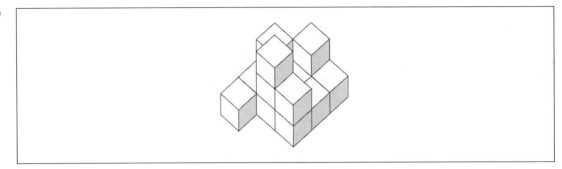

①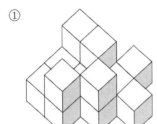

②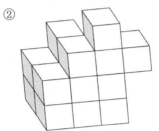

③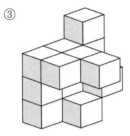

④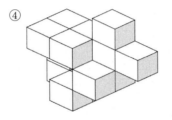

⑤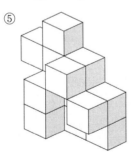

60

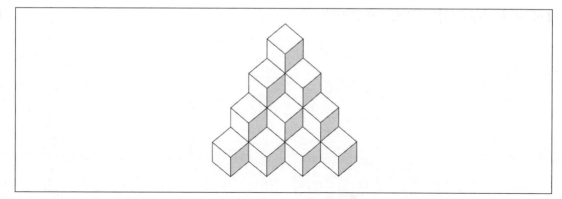

①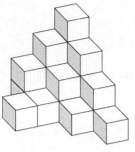

②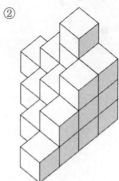

③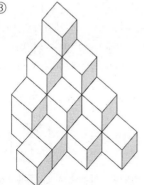

④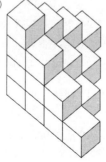

⑤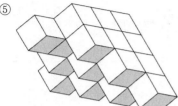

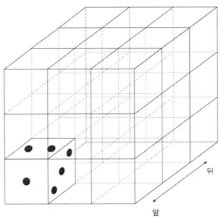

주어진 그림과 같이 27칸으로 나누어진 정육면체 모양의 공간 안에 주사위가 있다. 맨 아래층 왼쪽 앞부터 맨 위층 오른쪽 뒤까지 각 칸의 번호는 다음과 같다.

7	8	9	뒤		16	17	18	뒤		25	26	27	뒤	
4	5	6			13	14	15			22	23	24		
1	2	3	앞		10	11	12	앞		19	20	21	앞	
맨 아래층					중간층					맨 위층				

공간 안에서 주사위는 바닥, 벽 또는 천장을 따라 한 칸(90°)씩 구르면서 이동한다. 주사위가 닿아 있는 면이 두 곳 이상인 경우 구르는 기준의 우선순위는 닿은 면에 따라 [바닥→천장→앞 벽→뒤 벽→오른쪽 벽→왼쪽 벽] 순서로 하고, 구르는 방향의 우선순위는 [오른쪽→왼쪽→앞→뒤→위→아래] 순서로 하며, 이동시 최단경로가 되도록 한다. 예를 들어 1번 자리에서 출발한 주사위( )가 3번 자리로 이동하는 경우에는 바닥을 기준으로 오른쪽으로 90°씩 두 번 구르게 되므로 주사위의 모양은 가 되고, 1번 자리에서 출발한 주사위( )가 11번 자리로 이동하는 경우에는 바닥을 기준으로 오른쪽으로 한 번, 앞 벽을 기준으로 위로 한 번 구르게 되므로 주사위의 모양은 가 된다.

61 다음 그림과 같이 27번 자리에서 출발한 주사위가 25번 자리로 이동하는 경우 주사위의 모양으로 알맞은 것은?

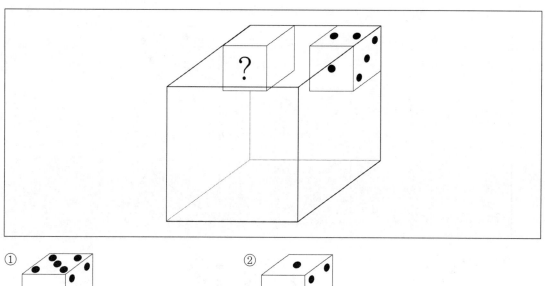

①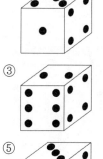

②

③

④

⑤

✔ 해설 주어진 주사위가 27번 자리에서 25번 자리로 이동하려면 천장을 기준으로 왼쪽으로 두 번 굴러야 한다.

Answer 61.①

62 다음 그림과 같이 27번 자리에서 출발한 주사위가 20번 자리로 이동하는 경우 주사위의 모양으로 알맞은 것은?

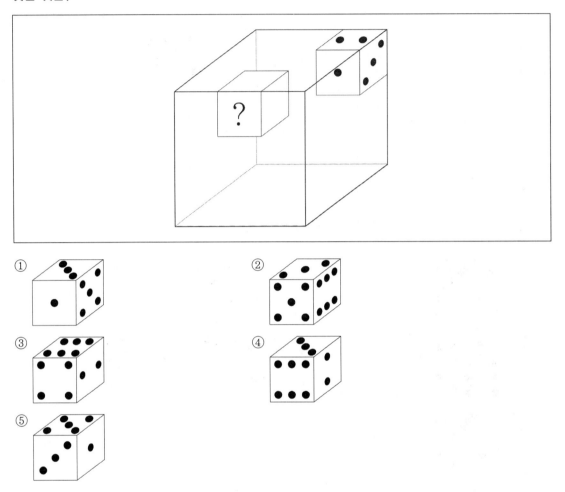

① ② ③ ④ ⑤

✔ **해설** 주어진 주사위가 27번 자리에서 20번 자리로 이동하려면 천장을 기준으로 왼쪽으로 한 번, 다시 천장을 기준으로 앞으로 두 번 굴러야 한다.

63 나음 그림과 같이 27번 자리에서 출발한 주시위가 13번 자리로 이동하는 경우 주사위의 모양으로 알맞은 것은?

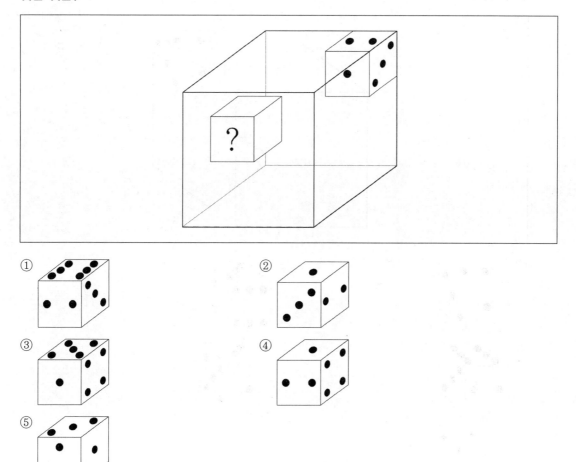

① ② ③ ④ ⑤

✔ 해설 주어진 주사위가 27번 자리에서 13번 자리로 이동하려면 천장을 기준으로 왼쪽으로 두 번, 다시 천장을 기준으로 앞으로 한 번, 그 다음 왼쪽 벽을 기준으로 아래로 한 번 굴러야 한다.

Answer 62.④ 63.⑤

64 다음 그림과 같이 27번 자리에서 출발한 주사위가 12번 자리로 이동하는 경우 주사위의 모양으로 알맞은 것은?

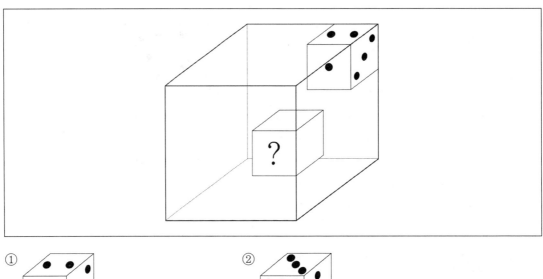

①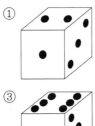

②

③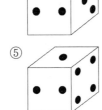

④

⑤

65 다음 그림과 같이 27번 자리에서 출발한 주사위가 6번 자리로 이동하는 경우 주사위의 모양으로 알맞은 것은?

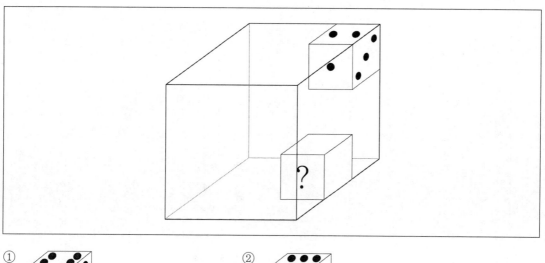

①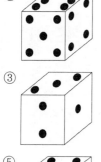

② (주사위 그림)

③

④ (주사위 그림)

⑤ (주사위 그림)

 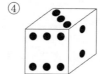

✔해설 주어진 주사위가 27번 자리에서 6번 자리로 이동하려면 천장을 기준으로 앞으로 한 번, 그 다음 오른쪽 벽을 기준으로 아래로 두 번 굴러야 한다.

66 다음 그림과 같이 3번 자리에서 출발한 주사위가 16번 자리로 이동하는 경우 주사위의 모양으로 알맞은 것은?

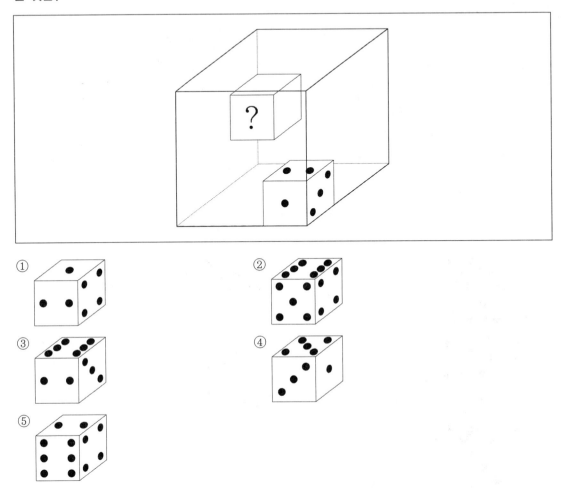

① ② ③ ④ ⑤

✓해설 주어진 주사위가 3번 자리에서 16번 자리로 이동하려면 바닥을 기준으로 왼쪽으로 두 번, 다시 바닥을 기준으로 뒤로 두 번, 그 다음 뒤쪽 벽을 기준으로 위로 한 번 굴러야 한다.

67 다음 그림과 같이 6번 자리에서 출발한 주사위가 20번 자리로 이동하는 경우 주사위의 모양으로 알맞은 것은?

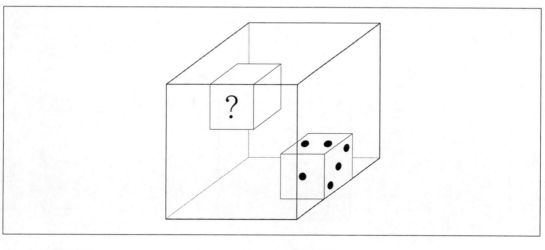

①   ②

③   ④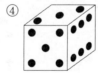

⑤

✔해설 주어진 주사위가 6번 자리에서 20번 자리로 이동하려면 바닥을 기준으로 왼쪽으로 한 번, 다시 바닥을 기준으로 앞으로 한 번, 그 다음 앞쪽 벽을 기준으로 위로 두 번 굴러야 한다.

68 다음 그림과 같이 17번 자리에서 출발한 주사위가 1번 자리로 이동하는 경우 주사위의 모양으로 알맞은 것은?

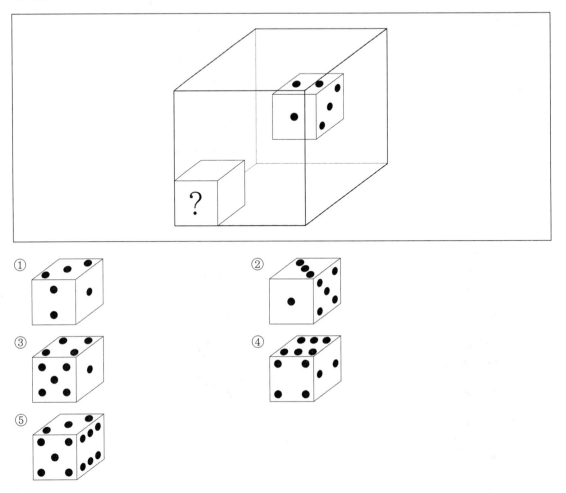

① ② ③ ④ ⑤

69 다음 그림과 같이 15번 자리에서 출발한 주사위가 25번 자리로 이동하는 경우 주사위의 모양으로 알맞은 것은?

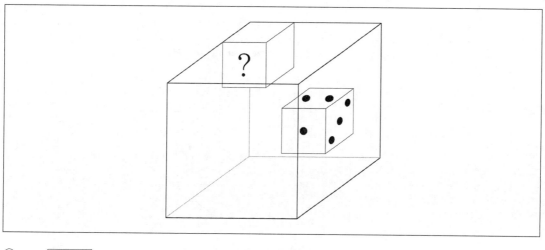

①

②

③

④

⑤

✔해설 주어진 주사위가 15번 자리에서 25번 자리로 이동하려면 오른쪽 벽을 기준으로 뒤로 한 번, 그 다음 뒤쪽 벽을 기준으로 왼쪽으로 두 번, 다시 뒤쪽 벽을 기준으로 위로 한 번 굴러야 한다.

70 다음 그림과 같이 23번 자리에서 출발한 주사위가 9번 자리로 이동하는 경우 주사위의 모양으로 알맞은 것은?

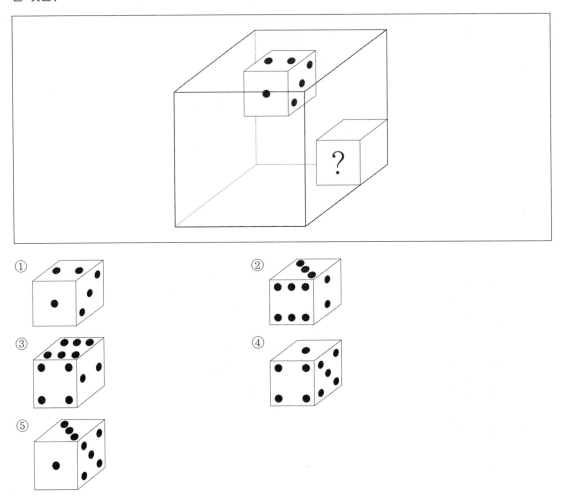

① ② ③ ④ ⑤

✔️ 해설 주어진 주사위가 23번 자리에서 9번 자리로 이동하려면 천장을 기준으로 오른쪽으로 한 번, 다시 천장을 기준으로 뒤로 한 번, 그 다음 뒤쪽 벽을 기준으로 아래로 두 번 굴러야 한다.

┃71~80┃ 다음 〈예시〉를 참고하여 주어진 부분도를 보고 알맞은 입체도형을 고르시오. (단, 도형은 x, y, z축을 기준으로 무작위로 회전이 된다.)

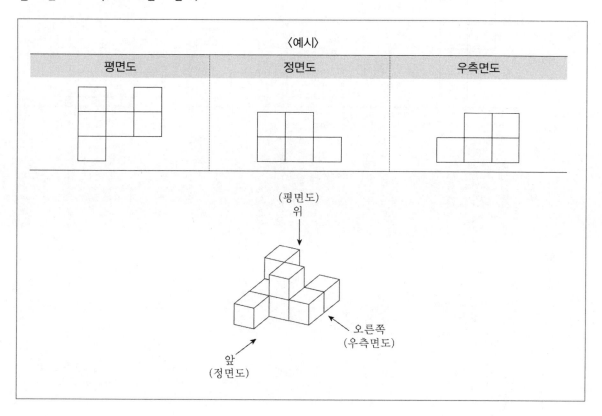

평면도	정면도	우측면도

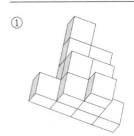

①

②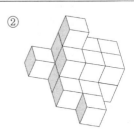

③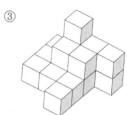

④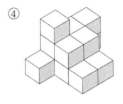

⑤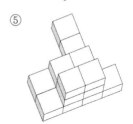

✔해설 도면을 종합해볼 때 적절한 도형은 ①이다.

평면도	정면도	우측면도

①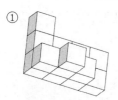

②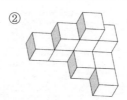

③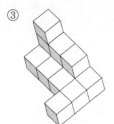

④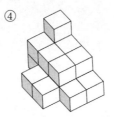

⑤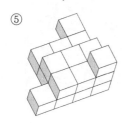

✔해설 도면을 종합해볼 때 적절한 도형은 ②이다.

평면도	정면도	우측면도

①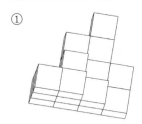

②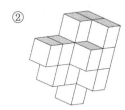

③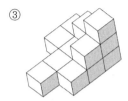

④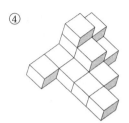

⑤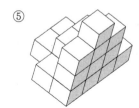

✔ 해설 도면을 종합해볼 때 적절한 도형은 ③이다.

평면도	정면도	우측면도

74

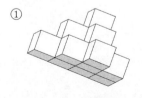

①

②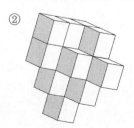

③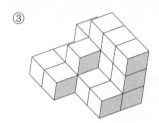

④

⑤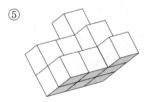

✔해설 도면을 종합해볼 때 적절한 도형은 ④이다.

평면도	정면도	우측면도

75

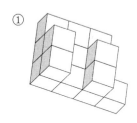

①

②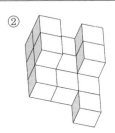

③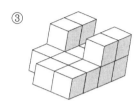

④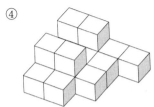

⑤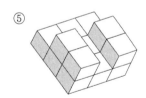

✔ 해설 도면을 종합해볼 때 적절한 도형은 ⑤이다.

76	평면도	정면도	우측면도

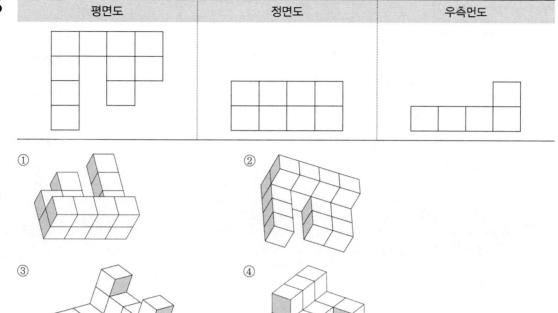

①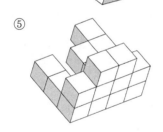

②

③

④

⑤

평면도	정면도	우측면도
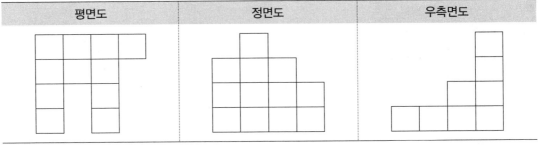		

①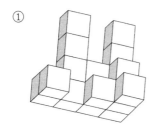

②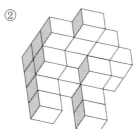

③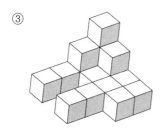

④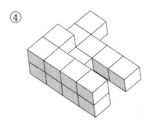

⑤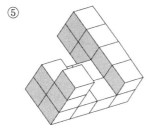

✔해설 도면을 종합해볼 때 적절한 도형은 ②이다.

평면도	정면도	우측면노

①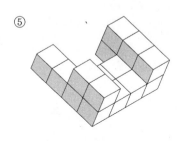

②

③

④

⑤

✔해설 도면을 종합해볼 때 적절한 도형은 ③이다.

Answer 77.② 78.③

평면도	정면도	우측면도

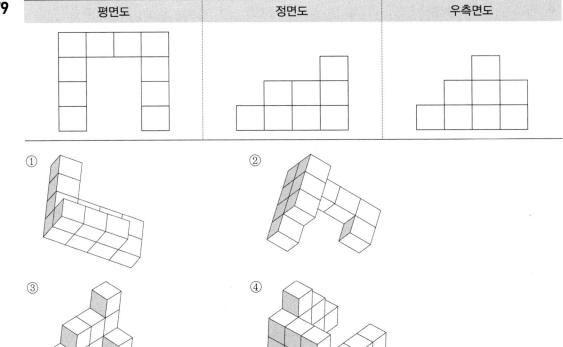

①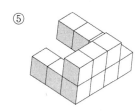

②

③

④

⑤

✔ 해설 도면을 종합해볼 때 적절한 도형은 ④이다.

평면도	정면도	우측면도

80

①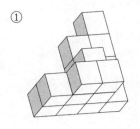

②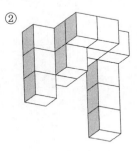

③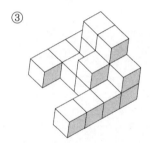

④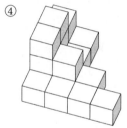

⑤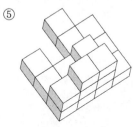

✔ 해설 도면을 종합해볼 때 적절한 도형은 ⑤이다.

PART

04

면접

CHAPTER 01 면접의 기본

1 면접의 기본

(1) 면접의 기본 원칙

① **면접의 의미** ··· 면접이란 다양한 면접기법을 활용하여 지원한 직무에 필요한 능력을 지원자가 보유하고 있는지를 확인하는 절차라고 할 수 있다. 즉, 지원자의 입장에서는 채용 직무수행에 필요한 요건들과 관련하여 자신의 환경, 경험, 관심사, 성취 등에 대해 기업에 직접 어필할 수 있는 기회를 제공받는 것이며, 기업의 입장에서는 서류전형만으로 알 수 없는 지원자에 대한 정보를 직접적으로 수집하고 평가하는 것이다.

② **면접의 특징** ··· 면접은 기업의 입장에서 서류전형이나 필기전형에서 드러나지 않는 지원자의 능력이나 성향을 볼 수 있는 기회로, 면대면으로 이루어지며 즉흥적인 질문들이 포함될 수 있기 때문에 지원자가 완벽하게 준비하기 어려운 부분이 있다. 하지만 지원자 입장에서도 서류전형이나 필기전형에서 모두 보여주지 못한 자신의 능력 등을 기업의 인사담당자에게 어필할 수 있는 추가적인 기회가 될 수도 있다.

[서류 · 필기전형과 차별화되는 면접의 특징]

- 직무수행과 관련된 다양한 지원자 행동에 대한 관찰이 가능하다.
- 면접관이 알고자 하는 정보를 심층적으로 파악할 수 있다.
- 서류상의 미비한 사항과 의심스러운 부분을 확인할 수 있다.
- 커뮤니케이션 능력, 대인관계 능력 등 행동 · 언어적 정보도 얻을 수 있다.

③ **면접의 유형**

㉠ **구조화 면접** : 구조화 면접은 사전에 계획을 세워 질문의 내용과 방법, 지원자의 답변 유형에 따른 추가 질문과 그에 대한 평가 역량이 정해져 있는 면접 방식으로 표준화 면접이라고도 한다.
- 표준화된 질문이나 평가요소가 면접 전 확정되며, 지원자는 편성된 조나 면접관에 영향을 받지 않고 동일한 질문과 시간을 부여받을 수 있다.

- 조직 또는 식무별로 주요하게 도출된 역량을 기반으로 평가요소가 구성되어, 조직 또는 직무에서 필요한 역량을 가진 지원자를 선발할 수 있다.
- 표준화된 형식을 사용하는 특성 때문에 비구조화 면접에 비해 신뢰성과 타당성, 객관성이 높다.
- ⓒ 비구조화 면접 : 비구조화 면접은 면접 계획을 세울 때 면접 목적만을 명시하고 내용이나 방법은 면접관에게 전적으로 일임하는 방식으로 비표준화 면접이라고도 한다.
  - 표준화된 질문이나 평가요소 없이 면접이 진행되며, 편성된 조나 면접관에 따라 지원자에게 주어지는 질문이나 시간이 다르다.
  - 면접관의 주관적인 판단에 따라 평가가 이루어져 평가 오류가 빈번히 일어난다.
  - 상황 대처나 언변이 뛰어난 지원자에게 유리한 면접이 될 수 있다.

④ 경쟁력 있는 면접 요령
  - ㉠ 면접 전에 준비하고 유념할 사항
    - 예상 질문과 답변을 미리 작성한다.
    - 작성한 내용을 문장으로 외우지 않고 키워드로 기억한다.
    - 지원한 회사의 최근 기사를 검색하여 기억한다.
    - 지원한 회사가 속한 산업군의 최근 기사를 검색하여 기억한다.
    - 면접 전 1주일간 이슈가 되는 뉴스를 기억하고 자신의 생각을 반영하여 정리한다.
    - 찬반토론에 대비한 주제를 목록으로 정리하여 자신의 논리를 내세운 예상답변을 작성한다.
  - ㉡ 면접장에서 유념할 사항
    - 질문의 의도 파악 : 답변을 할 때에는 질문 의도를 파악하고 그에 충실한 답변이 될 수 있도록 질문사항을 유념해야 한다. 많은 지원자가 하는 실수 중 하나로 답변을 하는 도중 자기 말에 심취되어 질문의 의도와 다른 답변을 하거나 자신이 알고 있는 지식만을 나열하는 경우가 있는데, 이럴 경우 의사소통능력이 부족한 사람으로 인식될 수 있으므로 주의하도록 한다.
    - 답변은 두괄식 : 답변을 할 때에는 두괄식으로 결론을 먼저 말하고 그 이유를 설명하는 것이 좋다. 미괄식으로 답변을 할 경우 용두사미의 답변이 될 가능성이 높으며, 결론을 이끌어 내는 과정에서 논리성이 결여될 우려가 있다. 또한 면접관이 결론을 듣기 전에 말을 끊고 다른 질문을 추가하는 예상치 못한 상황이 발생될 수 있으므로 답변은 자신이 전달하고자 하는 바를 먼저 밝히고 그에 대한 설명을 하는 것이 좋다.

- 지원한 회사의 기업정신과 인재상을 기억 : 답변을 할 때에는 회사가 원하는 인재라는 인상을 심어주기 위해 지원한 회사의 기업정신과 인재상 등을 염두에 두고 답변을 하는 것이 좋다. 모든 회사에 해당되는 두루뭉술한 답변보다는 지원한 회사에 맞는 맞춤형 답변을 하는 것이 좋다.
- 나보다는 회사와 사회적 관점에서 답변 : 답변을 할 때에는 자기중심적인 관점을 피하고 좀 더 넓은 시각으로 회사와 국가, 사회적 입장까지 고려하는 인재임을 어필하는 것이 좋다. 자기중심적 시각을 바탕으로 자신의 출세만을 위해 회사에 입사하려는 인상을 심어줄 경우 면접에서 불이익을 받을 가능성이 높다.
- 난처한 질문은 정직한 답변 : 난처한 질문에 답변을 해야 할 때에는 피하기보다는 정면 돌파로 정직하고 솔직하게 답변하는 것이 좋다. 난처한 부분을 감추고 드러내지 않으려 회피하려는 지원자의 모습은 인사담당자에게 입사 후에도 비슷한 상황에 처했을 때 회피할 수도 있다는 우려를 심어줄 수 있다. 따라서 직장생활에 있어 중요한 덕목 중 하나인 정직을 바탕으로 솔직하게 답변을 하도록 한다.

(2) 면접의 종류 및 준비 전략

① 인성면접

　㉠ 면접 방식 및 판단기준
- 면접 방식 : 인성면접은 면접관이 가지고 있는 개인적 면접 노하우나 관심사에 의해 질문을 실시한다. 주로 입사지원서나 자기소개서의 내용을 토대로 지원동기, 과거의 경험, 미래 포부 등을 이야기하도록 하는 방식이다.
- 판단기준 : 면접관의 개인적 가치관과 경험, 해당 역량의 수준, 경험의 구체성·진실성 등

　㉡ 특징 : 인성면접은 그 방식으로 인해 역량과 무관한 질문들이 많고 지원자에게 주어지는 면접질문, 시간 등이 다를 수 있다. 또한 입사지원서나 자기소개서의 내용을 토대로 하기 때문에 지원자별 질문이 달라질 수 있다.

ⓒ 예시 문항 및 준비전략

• 예시 문항

> • 3분 동안 자기소개를 해 보십시오.
> • 자신의 장점과 단점을 말해 보십시오.
> • 학점이 좋지 않은데 그 이유가 무엇입니까?
> • 최근에 인상 깊게 읽은 책은 무엇입니까?
> • 회사를 선택할 때 중요시하는 것은 무엇입니까?
> • 일과 개인생활 중 어느 쪽을 중시합니까?
> • 10년 후 자신은 어떤 모습일 것이라고 생각합니까?
> • 휴학 기간 동안에는 무엇을 했습니까?

• 준비전략 : 인성면접은 입사지원서나 자기소개서의 내용을 바탕으로 하는 경우가 많으므로 자신이 작성한 입사지원서와 자기소개서의 내용을 충분히 숙지하도록 한다. 또한 최근 사회적으로 이슈가 되고 있는 뉴스에 대한 견해를 묻거나 시사상식 등에 대한 질문을 받을 수 있으므로 이에 대한 대비도 필요하다. 자칫 부담스러워 보이지 않는 질문으로 가볍게 대답하지 않도록 주의하고 모든 질문에 입사 의지를 담아 성실하게 답변하는 것이 중요하다.

② 발표면접

ㄱ 면접 방식 및 판단기준

• 면접 방식 : 지원자가 특정 주제와 관련된 자료를 검토하고 그에 대한 자신의 생각을 면접관 앞에서 주어진 시간 동안 발표하고 추가 질의를 받는 방식으로 진행된다.

• 판단기준 : 지원자의 사고력, 논리력, 문제해결력 등

ㄴ 특징 : 발표면접은 지원자에게 과제를 부여한 후, 과제를 수행하는 과정과 결과를 관찰·평가한다. 따라서 과제수행 결과뿐 아니라 수행과정에서의 행동을 모두 평가할 수 있다.

ⓒ 예시 문항 및 준비전략

• 예시 문항

[신입사원 조기 이직 문제]

※ 지원자는 아래에 제시된 자료를 검토한 뒤, 신입사원 조기 이직의 원인을 크게 3가지로 정리하고 이에 대한 구체적인 개선안을 도출하여 발표해 주시기 바랍니다.

※ 본 과제에 정해진 정답은 없으나 논리적 근거를 들어 개선안을 작성해 주십시오.

- A기업은 동종업계 유사기업들과 비교해 볼 때, 비교적 높은 재무안정성을 유지하고 있으며 업무강도가 그리 높지 않은 것으로 외부에 알려져 있음.
- 최근 조사결과, 동종업계 유사기업들과 연봉을 비교해 보았을 때 연봉 수준도 그리 나쁘지 않은 편이라는 것이 확인되었음.
- 그러나 지난 3년간 1~2년차 직원들의 이직률이 계속해서 증가하고 있는 추세이며, 경영진 회의에서 최우선 해결과제 중 하나로 거론되었음.
- 이에 따라 인사팀에서 현재 1~2년차 사원들을 대상으로 개선되어야 하는 A기업의 조직문화에 대한 설문조사를 실시한 결과, '상명하복식의 의사소통'이 36.7%로 1위를 차지했음.
- 이러한 설문조사와 함께, 신입사원 조기 이직에 대한 원인을 분석한 결과 파랑새 증후군, 셀프홀릭 증후군, 피터팬 증후군 등 3가지로 분류할 수 있었음.

〈동종업계 유사기업들과의 연봉 비교〉　〈우리 회사 조직문화 중 개선되었으면 하는 것〉

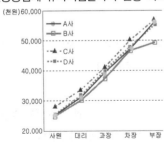

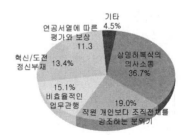

〈신입사원 조기 이직의 원인〉

• 파랑새 증후군
- 현재의 직장보다 더 좋은 직장이 있을 것이라는 막연한 기대감으로 끊임없이 새로운 직장을 탐색함.
- 학력 수준과 맞지 않는 '하향지원', 전공과 적성을 고려하지 않고 일단 취업하고 보자는 '묻지마 지원'이 파랑새 증후군을 초래함.
• 셀프홀릭 증후군
- 본인의 역량에 비해 가치가 낮은 일을 주로 하면서 갈등을 느낌.
• 피터팬 증후군
- 기성세대의 문화를 무조건 수용하기보다는 자유로움과 변화를 추구함.
- 상명하복, 엄격한 규율 등 기성세대가 당연시하는 관행에 거부감을 가지며 직장에 답답함을 느낌.

• 준비전략 : 발표면접의 시작은 과제 안내문과 과제 상황, 과제 자료 등을 정확하게 이해하는 것에서 출발한다. 과제 안내문을 침착하게 읽고 제시된 주제 및 문제와 관련된 상황의 맥락을 파악한 후 과제를 검토한다. 제시된 기사나 그래프 등을 충분히 활용하여 주어진 문제를 해결할 수 있는 해결책이나 대안을 제시하며, 발표를 할 때에는 명확하고 자신 있는 태도로 전달할 수 있도록 한다.

③ 토론면접

  ㉠ 면접 방식 및 판단기준

    • 면접 방식 : 상호갈등적 요소를 가진 과제 또는 공통의 과제를 해결하는 내용의 토론 과제를 제시하고, 그 과정에서 개인 간의 상호작용 행동을 관찰하는 방식으로 면접이 진행된다.

    • 판단기준 : 팀워크, 적극성, 갈등 조정, 의사소통능력, 문제해결능력 등

  ㉡ 특징 : 토론을 통해 도출해 낸 최종안의 타당성도 중요하지만, 결론을 도출해 내는 과정에서의 의사소통능력이나 갈등상황에서 의견을 조정하는 능력 등이 중요하게 평가되는 특징이 있다.

  ㉢ 예시 문항 및 준비전략

    • 예시 문항

> • 군 가산점제 부활에 대한 찬반토론
> • 담뱃값 인상에 대한 찬반토론
> • 비정규직 철폐에 대한 찬반토론
> • 대학의 영어 강의 확대 찬반토론
> • 워크숍 장소 선정을 위한 토론

    • 준비전략 : 토론면접은 무엇보다 팀워크와 적극성이 강조된다. 따라서 토론과정에 적극적으로 참여하며 자신의 의사를 분명하게 전달하며, 갈등상황에서 자신의 의견만 내세울 것이 아니라 다른 지원자의 의견을 경청하고 배려하는 모습도 중요하다. 갈등상황을 일목요연하게 정리하여 조정하는 등의 의사소통능력을 발휘하는 것도 좋은 전략이 될 수 있다.

④ 상황면접

  ㉠ 면접 방식 및 판단기준

    • 면접 방식 : 상황면접은 직무 수행 시 접할 수 있는 상황들을 제시하고, 그러한 상황에서 어떻게 행동할 것인지를 이야기하는 방식으로 진행된다.

    • 판단기준 : 해당 상황에 적절한 역량의 구현과 구체적 행동지표

ⓛ 특징 : 실제 직무 수행 시 접할 수 있는 상황들을 제시하므로 입사 이후 지원자의 업무수행능력을 평가하는 데 적절한 면접 방식이다. 또한 지원자의 가치관, 태도, 사고방식 등의 요소를 통합적으로 평가하는 데 용이하다.

ⓒ 예시 문항 및 준비전략

• 예시 문항

> 당신은 생산관리팀의 팀원으로, 생산팀이 기한에 맞춰 효율적으로 제품을 생산할 수 있도록 관리하는 역할을 맡고 있습니다. 3개월 뒤에 제품A를 정상적으로 출시하기 위해 생산팀의 생산 계획을 수립한 상황입니다. 그러나 원가가 곧 실적으로 이어지는 구매팀에서는 최대한 원가를 줄여 전반적 단가를 낮추려고 원가절감을 위한 제안을 하였으나, 연구개발팀에서는 구매팀이 제안한 방식으로 제품을 생산할 경우 대부분이 구매팀의 실적으로 산정될 것이므로 제대로 확인도 해보지 않은 채 적합하지 않은 방식이라고 판단하고 있습니다. 당신은 어떻게 하겠습니까?

• 준비전략 : 상황면접은 먼저 주어진 상황에서 핵심이 되는 문제가 무엇인지를 파악하는 것에서 시작한다. 주질문과 세부질문을 통하여 질문의 의도를 파악하였다면, 그에 대한 구체적인 행동이나 생각 등에 대해 응답할수록 높은 점수를 얻을 수 있다.

⑤ 역할면접

㉠ 면접 방식 및 판단기준

• 면접 방식 : 역할면접 또는 역할연기 면접은 기업 내 발생 가능한 상황에서 부딪히게 되는 문제와 역할을 가상적으로 설정하여 특정 역할을 맡은 사람과 상호작용하고 문제를 해결해 나가도록 하는 방식으로 진행된다. 역할연기 면접에서는 면접관이 직접 역할연기를 하면서 지원자를 관찰하기도 하지만, 역할연기 수행만 전문적으로 하는 사람을 투입할 수도 있다.

• 판단기준 : 대처능력, 대인관계능력, 의사소통능력 등

ⓛ 특징 : 역할면접은 실제 상황과 유사한 가상 상황에서의 행동을 관찰함으로서 지원자의 성격이나 대처 행동 등을 관찰할 수 있다.

ⓒ 예시 문항 및 준비전략

• 예시 문항

> [금융권 역할면접의 예]
> 당신은 ○○은행의 신입 텔러이다. 사람이 많은 월말 오전 한 할아버지(면접관 또는 역할담당자)께서 ○○은행을 사칭한 보이스피싱으로 500만 원을 피해 보았다며 소란을 일으키고 있다. 실제 업무상황이라고 생각하고 상황에 대처해 보시오.

• 준비전략 : 역할연기 면접에서 측정하는 역량은 주로 갈등의 원인이 되는 문제를 해결 하고 제시된 해결방안을 상대방에게 설득하는 것이다. 따라서 갈등해결, 문제해결, 조정·통합, 설득력과 같은 역량이 중요시된다. 또한 갈등을 해결하기 위해서 상대방에 대한 이해도 필수적인 요소이므로 고객 지향을 염두에 두고 상황에 맞게 대처해야 한다.

역할면접에서는 변별력을 높이기 위해 면접관이 압박적인 분위기를 조성하는 경우가 많기 때문에 스트레스 상황에서 불안해하지 않고 유연하게 대처할 수 있도록 시간과 노력을 들여 충분히 연습하는 것이 좋다.

2 면접 이미지 메이킹

(1) 성공적인 이미지 메이킹 포인트

① 복장 및 스타일

㉠ 남성

- 양복 : 양복은 단색으로 하며 넥타이나 셔츠로 포인트를 주는 것이 효과적이다. 짙은 회색이나 감청색이 가장 단정하고 품위 있는 인상을 준다.
- 셔츠 : 흰색이 가장 선호되나 자신의 피부색에 맞추는 것이 좋다. 푸른색이나 베이지색은 산뜻한 느낌을 줄 수 있다. 양복과의 배색도 고려하도록 한다.
- 넥타이 : 의상에 포인트를 줄 수 있는 아이템이지만 너무 화려한 것은 피한다. 지원자의 피부색은 물론, 정장과 셔츠의 색을 고려하며, 체격에 따라 넥타이 폭을 조절하는 것이 좋다.
- 구두 & 양말 : 구두는 검정색이나 짙은 갈색이 어느 양복에나 무난하게 어울리며 깔끔하게 닦아 준비한다. 양말은 정장과 동일한 색상이나 검정색을 착용한다.
- 헤어스타일 : 머리스타일은 단정한 느낌을 주는 짧은 헤어스타일이 좋으며 앞머리가 있다면 이마나 눈썹을 가리지 않는 선에서 정리하는 것이 좋다.

ⓒ 여성

- 의상 : 단정한 스커트 투피스 정장이나 슬랙스 슈트가 무난하다. 블랙이나 그레이, 네이비, 브라운 등 차분해 보이는 색상을 선택하는 것이 좋다.
- 소품 : 구두, 핸드백 등은 같은 계열로 코디하는 것이 좋으며 구두는 너무 화려한 디자인이나 굽이 높은 것을 피한다. 스타킹은 의상과 구두에 맞춰 단정한 것으로 선택한다.
- 액세서리 : 액세서리는 너무 크거나 화려한 것은 좋지 않으며 과하게 많이 하는 것도 좋은 인상을 주지 못한다. 착용하지 않거나 작고 깔끔한 디자인으로 포인트를 주는 정도가 적당하다.
- 메이크업 : 화장은 자연스럽고 밝은 이미지를 표현하는 것이 좋으며 진한 색조는 인상이 강해 보일 수 있으므로 피한다.
- 헤어스타일 : 커트나 단발처럼 짧은 머리는 활동적이면서도 단정한 이미지를 줄 수 있도록 정리한다. 긴 머리의 경우 하나로 묶거나 단정한 머리망으로 정리하는 것이 좋으며, 짙은 염색이나 화려한 웨이브는 피한다.

② 인사

ⓖ 인사의 의미 : 인사는 예의범절의 기본이며 상대방의 마음을 여는 기본적인 행동이라고 할 수 있다. 인사는 처음 만나는 면접관에게 호감을 살 수 있는 가장 쉬운 방법이 될 수 있기도 하지만 제대로 예의를 지키지 않으면 지원자의 인성 전반에 대한 평가로 이어질 수 있으므로 각별히 주의해야 한다.

ⓛ 인사의 핵심 포인트

- 인사말 : 인사말을 할 때에는 밝고 친근감 있는 목소리로 하며, 자신의 이름과 수험번호 등을 간략하게 소개한다.
- 시선 : 인사는 상대방의 눈을 보며 하는 것이 중요하며 너무 빤히 쳐다본다는 느낌이 들지 않도록 주의한다.
- 표정 : 인사는 마음에서 우러나오는 존경이나 반가움을 표현하고 예의를 차리는 것이므로 살짝 미소를 지으며 하는 것이 좋다.
- 자세 : 인사를 할 때에는 가볍게 목만 숙인다거나 흐트러진 상태에서 인사를 하지 않도록 주의하며 절도 있고 확실하게 하는 것이 좋다.

③ 시선처리와 표정, 목소리

　　㉠ **시선처리와 표정** : 표정은 면접에서 지원자의 첫인상을 결정하는 중요한 요소이다. 얼굴표정은 사람의 감정을 가장 잘 표현할 수 있는 의사소통 도구로 표정 하나로 상대방에게 호감을 주거나, 비호감을 사기도 한다. 호감이 가는 인상의 특징은 부드러운 눈썹, 자연스러운 미간, 적당히 볼록한 광대, 올라간 입 꼬리 등으로 가볍게 미소를 지을 때의 표정과 일치한다. 따라서 면접 중에는 밝은 표정으로 미소를 지어 호감을 형성할 수 있도록 한다. 시선은 면접관과 고르게 맞추되 생기 있는 눈빛을 띄도록 하며, 너무 빤히 쳐다본다는 인상을 주지 않도록 한다.

　　㉡ **목소리** : 면접은 주로 면접관과 지원자의 대화로 이루어지므로 목소리가 미치는 영향이 상당하다. 답변을 할 때에는 부드러우면서도 활기차고 생동감 있는 목소리로 하는 것이 면접관에게 호감을 줄 수 있으며 적당한 제스처가 더해진다면 상승효과를 얻을 수 있다. 그러나 적절한 답변을 하였음에도 불구하고 콧소리나 날카로운 목소리, 자신감 없는 작은 목소리는 답변의 신뢰성을 떨어뜨릴 수 있으므로 주의하도록 한다.

④ 자세

　　㉠ 걷는 자세
- 면접장에 입실할 때에는 상체를 곧게 유지하고 발끝은 평행이 되게 하며 무릎을 스치듯 11자로 걷는다.
- 시선은 정면을 향하고 턱은 가볍게 당기며 어깨나 엉덩이가 흔들리지 않도록 주의한다.
- 발바닥 전체가 닿는 느낌으로 안정감 있게 걸으며 발소리가 나지 않도록 주의한다.
- 보폭은 어깨넓이만큼이 적당하지만, 스커트를 착용했을 경우 보폭을 줄인다.
- 걸을 때도 미소를 유지한다.

　　㉡ 서있는 자세
- 몸 전체를 곧게 펴고 가슴을 자연스럽게 내민 후 등과 어깨에 힘을 주지 않는다.
- 정면을 바라본 상태에서 턱을 약간 당기고 아랫배에 힘을 주어 당기며 바르게 선다.
- 양 무릎과 발뒤꿈치는 붙이고 발끝은 11자 또는 V형을 취한다.
- 남성의 경우 팔을 자연스럽게 내리고 양손을 가볍게 쥐어 바지 옆선에 붙이고, 여성의 경우 공수자세를 유지한다.

ⓒ 앉은 자세

•남성

> •의자 깊숙이 앉고 등받이와 등 사이에 주먹 1개 정도의 간격을 두며 기대듯 앉지 않도록 주의한다. (남녀 공통 사항)
> •무릎 사이에 주먹 2개 정도의 간격을 유지하고 발끝은 11자를 취한다.
> •시선은 정면을 바라보며 턱은 가볍게 당기고 미소를 짓는다. (남녀 공통 사항)
> •양손은 가볍게 주먹을 쥐고 무릎 위에 올려놓는다.
> •앉고 일어날 때에는 자세가 흐트러지지 않도록 주의한다. (남녀 공통 사항)

•여성

> •스커트를 입었을 경우 왼손으로 뒤쪽 스커트 자락을 누르고 오른손으로 앞쪽 자락을 누르며 의자에 앉는다.
> •무릎은 붙이고 발끝을 가지런히 한다.
> •양손을 모아 무릎 위에 모아 놓으며 스커트를 입었을 경우 스커트 위를 가볍게 누르듯이 올려놓는다.

(2) 면접 예절

① 행동 관련 예절

ㄱ 지각은 절대금물 : 시간을 지키는 것은 예절의 기본이다. 지각을 할 경우 면접에 응시할 수 없거나, 면접 기회가 주어지더라도 불이익을 받을 가능성이 높아진다. 따라서 면접장소가 결정되면 교통편과 소요시간을 확인하고 가능하다면 사전에 미리 방문해 보는 것도 좋다. 면접 당일에는 서둘러 출발하여 면접 시간 20~30분 전에 도착하여 회사를 둘러보고 환경에 익숙해지는 것도 성공적인 면접을 위한 요령이 될 수 있다.

ㄴ 면접 대기 시간 : 지원자들은 대부분 면접장에서의 행동과 답변 등으로만 평가를 받는다고 생각하지만 그렇지 않다. 면접관이 아닌 면접진행자 역시 대부분 인사실무자이며 면접관이 면접 후 지원자에 대한 평가에 있어 확신을 위해 면접진행자의 의견을 구한다면 면접진행자의 의견이 당락에 영향을 줄 수 있다. 따라서 면접 대기 시간에도 행동과 말을 조심해야 하며, 면접을 마치고 돌아가는 순간까지도 긴장을 늦춰서는 안 된다. 면접 중 압박적인 질문에 답변을 잘 했지만, 면접장을 나와 흐트러진 모습을 보이거나 욕설을 한다면 면접 탈락의 요인이 될 수 있으므로 주의해야 한다.

ⓒ 입실 후 태도 : 본인의 차례가 되어 호명뇌면 또렷하게 대답하고 들어간다. 만약 면접장 문이 닫혀 있다면 상대에게 소리가 들릴 수 있을 정도로 노크를 두세 번 한 후 대답을 듣고 나서 들어가야 한다. 문을 여닫을 때에는 소리가 나지 않게 조용히 하며 공손한 자세로 인사한 후 성명과 수험번호를 말하고 면접관의 지시에 따라 자리에 앉는다. 이 경우 착석하라는 말이 없는데 먼저 의자에 앉으면 무례한 사람으로 보일 수 있으므로 주의한다. 의자에 앉을 때에는 끝에 앉지 말고 무릎 위에 양손을 가지런히 얹는 것이 예절이라고 할 수 있다.

ⓔ 옷매무새를 자주 고치지 마라 : 일부 지원자의 경우 옷매무새 또는 헤어스타일을 자주 고치거나 확인하기도 하는데 이러한 모습은 과도하게 긴장한 것 같아 보이거나 면접에 집중하지 못하는 것으로 보일 수 있다. 남성 지원자의 경우 넥타이를 자꾸 고쳐 맨다거나 정장 상의 끝을 너무 자주 만지작거리지 않는다. 여성 지원자는 머리를 계속 쓸어 올리지 않고, 특히 짧은 치마를 입고서 신경이 쓰여 치마를 끌어 내리는 행동은 좋지 않다.

ⓜ 다리를 떨거나 산만한 시선은 면접 탈락의 지름길 : 자신도 모르게 다리를 떨거나 손가락을 만지는 등의 행동을 하는 지원자가 있는데, 이는 면접관의 주의를 끌 뿐만 아니라 불안하고 산만한 사람이라는 느낌을 주게 된다. 따라서 가능한 한 바른 자세로 앉아 있는 것이 좋다. 또한 면접관과 시선을 맞추지 못하고 여기저기 둘러보는 듯한 산만한 시선은 지원자가 거짓말을 하고 있다고 여겨지거나 신뢰할 수 없는 사람이라고 생각될 수 있다.

② 답변 관련 예절

ⓐ 면접관이나 다른 지원자와 가치 논쟁을 하지 않는다 : 질문을 받고 답변하는 과정에서 면접관 또는 다른 지원자의 의견과 다른 의견이 있을 수 있다. 특히 평소 지원자가 관심이 많은 문제이거나 잘 알고 있는 문제인 경우 자신과 다른 의견에 대해 이의가 있을 수 있다. 하지만 주의할 것은 면접에서 면접관이나 다른 지원자와 가치 논쟁을 할 필요는 없다는 것이며 오히려 불이익을 당할 수도 있다. 정답이 정해져 있지 않은 경우에는 가치관이나 성장배경에 따라 문제를 받아들이는 태도에서 답변까지 충분히 차이가 있을 수 있으므로 굳이 면접관이나 다른 지원자의 가치관을 지적하고 고치려 드는 것은 좋지 않다.

ⓑ 답변은 항상 정직해야 한다 : 면접이라는 것이 아무리 지원자의 장점을 부각시키고 단점을 축소시키는 것이라고 해도 절대로 거짓말을 해서는 안 된다. 거짓말을 하게 되면 지원자는 불안하거나 꺼림칙한 마음이 들게 되어 면접에 집중을 하지 못하게 되고 수많은 지원자를 상대하는 면접관은 그것을 놓치지 않는다. 거짓말은 그 지원자에 대한 신뢰성을 떨어뜨리며 이로 인해 다른 스펙이 아무리 훌륭하다고 해도 채용에서 탈락하게 될 수 있음을 명심하도록 한다.

ⓒ 경력직일 경우 전 직장에 대해 험담하지 않는다 : 지원자가 전 직장에서 무슨 업무를 담당했고 어떤 성과를 올렸는지는 면접관이 관심을 둘 사항일 수 있지만, 이전 직장의 기업문화나 상사들이 어땠는지는 그다지 궁금해 하는 사항이 아니다. 전 직장에 대해 험담을 늘어놓는다든가, 동료와 상사에 대한 악담을 하게 된다면 오히려 지원자에 대한 부정적인 이미지만 심어줄 수 있다. 만약 전 직장에 대한 말을 해야 할 경우가 생긴다면 가능한 한 객관적으로 이야기하는 것이 좋다.

ⓔ 자기 자신이나 배경에 대해 자랑하지 않는다 : 자신의 성취나 부모 형제 등 집안사람들이 사회·경제적으로 어떠한 위치에 있는지에 대한 자랑은 면접관으로 하여금 지원자에 대해 오만한 사람이거나 배경에 의존하려는 나약한 사람이라는 이미지를 갖게 할 수 있다. 따라서 자기 자신이나 배경에 대해 자랑하지 않도록 하고, 자신이 한 일에 대해서 너무 자세하게 얘기하지 않도록 주의해야 한다.

3 면접 질문 및 답변 포인트

(1) 가족 및 대인관계에 관한 질문

① 당신의 가정은 어떤 가정입니까?

면접관들은 지원자의 가정환경과 성장과정을 통해 지원자의 성향을 알고 싶어 이와 같은 질문을 한다. 비록 가정 일과 사회의 일이 완전히 일치하는 것은 아니지만 '가화만사성'이라는 말이 있듯이 가정이 화목해야 사회에서도 화목하게 지낼 수 있기 때문이다. 그러므로 답변 시에는 가족사항을 정확하게 설명하고 집안의 분위기와 특징에 대해 이야기하는 것이 좋다.

② 친구 관계에 대해 말해 보십시오.

지원자의 인간성을 판단하는 질문으로 교우관계를 통해 답변자의 성격과 대인관계능력을 파악할 수 있다. 새로운 환경에 적응을 잘하여 새로운 친구들이 많은 것도 좋지만, 깊고 오래 지속되어온 인간관계를 말하는 것이 더욱 바람직하다.

(2) 성격 및 가치관에 관한 질문

① 당신의 PR포인트를 말해 주십시오.

PR포인트를 말할 때에는 지나치게 겸손한 태도는 좋지 않으며 적극적으로 자기를 주장하는 것이 좋다. 앞으로 입사 후 하게 될 업무와 관련된 자기의 특성을 구체적인 일화를 더하여 이야기하도록 한다.

② 당신의 장·단점을 말해 보십시오.

지원자의 구체적인 장·단점을 알고자 하기 보다는 지원자가 자기 자신에 대해 얼마나 알고 있으며 어느 정도의 객관적인 분석을 하고 있나, 그리고 개선의 노력 등을 시도하는지를 파악하고자 하는 것이다. 따라서 장점을 말할 때는 업무와 관련된 장점을 뒷받침할 수 있는 근거와 함께 제시하며, 단점을 이야기할 때에는 극복을 위한 노력을 반드시 포함해야 한다.

③ 가장 존경하는 사람은 누구입니까?

존경하는 사람을 말하기 위해서는 우선 그 인물에 대해 알아야 한다. 잘 모르는 인물에 대해 존경한다고 말하는 것은 면접관에게 바로 지적당할 수 있으므로, 추상적이라도 좋으니 평소에 존경스럽다고 생각했던 사람에 대해 그 사람의 어떤 점이 좋고 존경스러운지 대답하도록 한다. 또한 자신에게 어떤 영향을 미쳤는지도 언급하면 좋다.

(3) 학교생활에 관한 질문

① 지금까지의 학교생활 중 가장 기억에 남는 일은 무엇입니까?

가급적 직장생활에 도움이 되는 경험을 이야기하는 것이 좋다. 또한 경험만을 간단하게 말하지 말고 그 경험을 통해서 얻을 수 있었던 교훈 등을 예시와 함께 이야기하는 것이 좋으나 너무 상투적인 답변이 되지 않도록 주의해야 한다.

② 성적은 좋은 편이었습니까?

면접관은 이미 서류심사를 통해 지원자의 성적을 알고 있다. 그럼에도 불구하고 이 질문을 하는 것은 지원자가 성적에 대해서 어떻게 인식하느냐를 알고자 하는 것이다. 성적이 나빴던 이유에 대해서 변명하려 하지 말고 담백하게 받아드리고 그것에 대한 개선노력을 했음을 밝히는 것이 적절하다.

③ 학창시절에 시위나 집회 등에 참여한 경험이 있습니까?

기업에서는 노사분규를 기업의 사활이 걸린 중대한 문제로 인식하고 거시적인 차원에서 접근한다. 이러한 기업문화를 제대로 인식하지 못하여 학창시절의 시위나 집회 참여 경험을 자랑스럽게 답변할 경우 감점요인이 되거나 심지어는 탈락할 수 있다는 사실에 주의한다. 시위나 집회에 참가한 경험을 말할 때에는 타당성과 정도에 유의하여 답변해야 한다.

(4) 지원동기 및 직업의식에 관한 질문

① 왜 우리 회사를 지원했습니까?

이 질문은 어느 회사나 가장 먼저 물어보고 싶은 것으로 지원자들은 기업의 이념, 대표의 경영능력, 재무구조, 복리후생 등 외적인 부분을 설명하는 경우가 많다. 이러한 답변도 적절하지만 지원 회사의 주력 상품에 관한 소비자의 인지도, 경쟁사 제품과의 시장점유율을 비교하면서 입사동기를 설명한다면 상당히 주목 받을 수 있을 것이다.

② 만약 이번 채용에 불합격하면 어떻게 하겠습니까?

불합격할 것을 가정하고 회사에 응시하는 지원자는 거의 없을 것이다. 이는 지원자를 궁지로 몰아넣고 어떻게 대응하는지를 살펴보며 입사 의지를 알아보려고 하는 것이다. 이 질문은 너무 깊이 들어가지 말고 침착하게 답변하는 것이 좋다.

③ 당신이 생각하는 바람직한 사원상은 무엇입니까?

직장인으로서 또는 조직의 일원으로서의 자세를 묻는 질문으로 지원하는 회사에서 어떤 인재상을 요구하는지 알아두는 것이 좋으며, 평소에 자신의 생각을 미리 정리해 두어 당황하지 않도록 한다.

④ 직무상의 적성과 보수의 많음 중 어느 것을 택하겠습니까?

이런 질문에서 회사 측에서 원하는 답변은 당연히 직무상의 적성에 비중을 둔다는 것이다. 그러나 적성만을 너무 강조하다 보면 오히려 솔직하지 못하다는 인상을 줄 수 있으므로 어느 한 쪽을 너무 강조하거나 경시하는 태도는 바람직하지 못하다.

⑤ 상사와 의견이 다를 때 어떻게 하겠습니까?

과거와 다르게 최근에는 상사의 명령에 무조건 따르겠다는 수동적인 자세는 바람직하지 않다. 회사에서는 때에 따라 자신이 판단하고 행동할 수 있는 직원을 원하기 때문이다. 그러나 지나치게 자신의 의견만을 고집한다면 이는 팀원 간의 불화를 야기할 수 있으며 팀 체제에 악영향을 미칠 수 있으므로 선호하지 않는다는 것에 유념하여 답해야 한다.

⑥ 근무지가 지방인데 근무가 가능합니까?

근무지가 지방 중에서도 특정 지역은 되고 다른 지역은 안 된다는 답변은 바람직하지 않다. 직장에서는 순환 근무라는 것이 있으므로 처음에 지방에서 근무를 시작했다고 해서 계속 지방에만 있는 것은 아님을 유의하고 답변하도록 한다.

(5) 여가 활용에 관한 질문

기초적인 질문이지만 특별한 취미가 없는 지원자의 경우 대답이 애매할 수밖에 없다. 그래서 가장 많이 대답하게 되는 것이 독서, 영화감상, 혹은 음악감상 등과 같은 흔한 취미를 말하게 되는데 이런 취미는 면접관의 주의를 끌기 어려우며 설사 정말 위와 같은 취미를 가지고 있다하더라도 제대로 답변하기는 힘든 것이 사실이다. 가능하면 독특한 취미를 말하는 것이 좋으며 이제 막 시작한 것이라도 열의를 가지고 있음을 설명할 수 있으면 그것을 취미로 답변하는 것도 좋다.

(6) 지원자를 당황하게 하는 질문

① 성적이 좋지 않은데 이 정도의 성적으로 우리 회사에 입사할 수 있다고 생각합니까?

비록 자신의 성적이 좋지 않더라도 이미 서류심사에 통과하여 면접에 참여하였다면 기업에서는 지원자의 성적보다 성적 이외의 요소, 즉 성격·열정 등을 높이 평가했다는 것이라고 할 수 있다. 그러나 이런 질문을 받게 되면 지원자는 당황할 수 있으나 주눅 들지 말고 침착하게 대처하는 면모를 보인다면 더 좋은 인상을 남길 수 있다.

② 우리 회사 회장님 함자를 알고 있습니까?

회장이나 사장의 이름을 조사하는 것은 면접일을 통고받았을 때 이미 사전 조사되었어야 하는 사항이다. 단답형으로 이름만 말하기보다는 그 기업에 입사를 희망하는 지원자의 입장에서 답변하는 것이 좋다.

③ 당신은 이 회사에 적합하지 않은 것 같군요.

이 질문은 지원자의 입장에서 상당히 곤혹스러울 수밖에 없다. 질문을 듣는 순간 그렇다면 면접은 왜 참가시킨 것인가 하는 생각이 들 수도 있다. 하지만 당황하거나 흥분하지 말고 침착하게 자신의 어떤 면이 회사에 적당하지 않는지 겸손하게 물어보고 지적당한 부분에 대해서 고치겠다는 의지를 보인다면 오히려 자신의 능력을 어필할 수 있는 기회로 사용할 수도 있다.

④ 다시 공부할 계획이 있습니까?

이 질문은 지원자가 합격하여 직장을 다니다가 공부를 더 하기 위해 회사를 그만 두거나 학습에 더 관심을 두어 일에 대한 능률이 저하될 것을 우려하여 묻는 것이다. 이때에는 당연히 학습보다는 일을 강조해야 하며, 업무 수행에 필요한 학습이라면 업무에 지장이 없는 범위에서 야간학교를 다니거나 회사에서 제공하는 연수 프로그램 등을 활용하겠다고 답변하는 것이 적당하다.

⑤ 지원한 분야가 전공한 분야와 다른데 여기 일을 할 수 있겠습니까?

수험생의 입장에서 본다면 지원한 분야와 전공이 다르지만 서류전형과 필기전형에 합격하여 면접을 보게 된 경우라고 할 수 있다. 이는 결국 해당 회사의 채용 방침상 전공에 크게 영향을 받지 않는다는 것이므로 무엇보다 자신이 전공하지는 않았지만 어떤 업무도 적극적으로 임할 수 있다는 자신감과 능동적인 자세를 보여주도록 노력하는 것이 좋다.

CHAPTER 02 면접기출

(1) 전공 및 업무 관련

① 본인이 지원한 직무에서 어떤 일을 수행하는지 아는가?

② 전공과 지원한 분야가 다른데, 지원한 이유가 무엇인가?

③ 본인이 희망하는 분야가 아닌 곳에 배치된다면 어떻게 하겠는가?

④ 석사 과정 때 진행한 연구에 대해 설명해 보시오.

⑤ 국방과학연구소가 어떤 일을 하는 곳인지 알고 있는가?

⑥ 업무 관련 소프트웨어 프로그램을 잘 다룰 수 있는가?

⑦ 직무와 관련된 프로젝트 경험이 있다면 이야기해 보시오.

⑧ LTI시스템에 대해 아는 대로 설명해 보시오.

⑨ Fourier transform에 대해 설명해 보시오.

⑩ 천안함 사태에 대해 어떻게 생각하는가?(국방 관련 시사 이슈 등)

⑪ 입사해서 가장 해보고 싶은 연구 분야는 무엇인가?

⑫ 지원한 직무에 가장 필요하다고 생각하는 능력은 무엇인가?

⑬ 푸리에 급수에 대해 설명해 보시오.

⑭ OWASO TOP 10에는 무엇이 있는가?

⑮ 국방과학연구소에서 현재 진행하고 있는 사업에 대해 알고 있는가?

(2) 인성 및 소양

① 1분간 자기소개를 해 보시오.

② 지원동기가 무엇입니까?

③ 당사에 대해 아는 대로 말해 보시오.

④ 본인을 단 하나의 단어/키워드로 설명한다면?

⑤ 이직 혹은 퇴직 사유는?(경력직의 경우)

⑥ 당사에 입사하기 위해 준비한 것이 있다면?

⑦ 자신의 장단점/성격을 말해 보시오.

⑧ 봉사활동을 한 경험이 있다면 말해 보시오.

⑨ 인생에서 실패한 경험/도전한 경험에 대해 말해 보시오.

⑩ 업무에 잘 적응하지 못하는 사람과 함께 일해 본 경험이 있는가?

⑪ 상사가 부당하거나 불법한 지시를 내릴 경우, 본인은 어떻게 대처할 것인가?

⑫ 논문 주제를 초등학생을 대상으로 이야기한다고 가정하고 설명해 보시오.

⑬ 본인이 국방에 대해 생각하는 바를 이야기해 보시오.

⑭ 향후 미래계획을 설계해 보시오.

⑮ 긴장을 해소하기 위한 본인만의 방법이 있다면 무엇인가?

⑯ 대학시절 연구실 생활에서 가장 재미있었던 경험에 대해 말해 보시오.

⑰ 지방근무가 가능합니까?

⑱ 공모전에 참여한 경험이 있다면 말해 보시오.

⑲ 사회에서 기업이 해야 하는 역할이 무엇이라고 생각하는가?

⑳ 직장생활 중 대인관계에 문제가 생긴다면 어떻게 대처할 것인가?

㉑ 휴학기간 동안 무슨 일을 했습니까?

㉒ 면접관을 대상으로 본인을 어필해 보시오.

㉓ 본인을 뽑아야 하는 이유에 대해 말해 보시오.

㉔ 마지막으로 하고 싶은 말이 있다면 말해 보시오.

㉕ 10년 후 자신은 어떤 모습일지 말해 보시오.

㉖ 입사 후 포부를 말해 보시오.

당신의 꿈은 뭔가요?

MY BUCKET LIST !

꿈은 목표를 향해 가는 길에 필요한 휴식과 같아요.

여기에 당신의 소중한 위시리스트를 적어보세요. 하나하나 적다보면 어느새 기분도

좋아지고 다시 달리는 힘을 얻게 될 거예요.

☐ _____ ☐ _____
☐ _____ ☐ _____
☐ _____ ☐ _____
☐ _____ ☐ _____
☐ _____ ☐ _____
☐ _____ ☐ _____
☐ _____ ☐ _____
☐ _____ ☐ _____
☐ _____ ☐ _____
☐ _____ ☐ _____
☐ _____ ☐ _____
☐ _____ ☐ _____
☐ _____ ☐ _____
☐ _____ ☐ _____
☐ _____ ☐ _____
☐ _____ ☐ _____
☐ _____ ☐ _____
☐ _____ ☐ _____
☐ _____ ☐ _____
☐ _____ ☐ _____
☐ _____ ☐ _____
☐ _____ ☐ _____
☐ _____ ☐ _____
☐ _____ ☐ _____

창의적인 사람이 되기 위해서

정보가 넘치는 요즘, 모두들 창의적인 사람을 찾죠.
정보의 더미에서 평범한 것을 비범하게 만드는 마법의 손이 필요합니다.
어떻게 해야 마법의 손과 같은 '창의성'을 가질 수 있을까요. 여러분께만 알려 드릴게요!

01. 생각나는 모든 것을 적어 보세요.

아이디어는 단번에 솟아나는 것이 아니죠. 원하는 것이나, 새로 알게 된 레시피나, 뭐든 좋아요.
떠오르는 생각을 모두 적어 보세요.

02. '잘하고 싶어!'가 아니라 '잘하고 있다!'라고 생각하세요.

누구나 자신을 다그치곤 합니다. 잘해야 해. 잘하고 싶어.
그럴 때는 고개를 세 번 젓고 나서 외치세요. '나, 잘하고 있다!'

03. 새로운 것을 시도해 보세요.

신선한 아이디어는 새로운 곳에서 떠오르죠. 처음 가는 장소, 다양한 장르에 음악, 나와 다른 분야의 사람.
익숙하지 않은 신선한 것들을 찾아서 탐험해 보세요.

04. 남들에게 보여 주세요.

독특한 아이디어라도 혼자 가지고 있다면 키워 내기 어렵죠.
최대한 많은 사람들과 함께 정보를 나누며 아이디어를 발전시키세요.

05. 잠시만 쉬세요.

생각을 계속 하다보면 한쪽으로 치우치기 쉬워요. 25분 생각했다면 5분은 쉬어 주세요.
휴식도 창의성을 키워 주는 중요한 요소랍니다.